Cuina vegana 2023

Descobreix el plaer de menjar sense productes animals amb aquest llibre de cuina vegana

Laura Martínez

Continguts

Fettuccines i olives verdes 10

Espaguetis amb mongetes de mantega i mongetes negres 12

Espaguetis amb xoriço i mongetes vermelles 14

Pasta Pappardelle amb tomàquet i formatge vegà 16

Macarrons i cigrons 18

Pasta Farfalle amb salsa chimichurri picant 20

Macarrons de colze de mongeta del nord 22

Espaguetis amb olives verdes i pebrots 24

Macarrons de blat integral amb formatge cremós vegà 26

Penne Pasta amb Xoriço 28

Pasta papardelle amb faves 30

Fettuccines a foc lent amb mongetes de mantega 32

Petxines de pasta de cocció lenta amb salsa chimichurri 35

Pasta farfalle de cocció lenta amb cigrons 37

Estofat d'espaguetis amb mongetes i pebrots 39

Macarrons picants a la cocció lenta i formatge vegà 41

Penne Pasta amb Pesto 43

Pappardelle Pasta de mongetes negres i mantega 45

Macarrons i xoriços vegans 47

Petxines de pasta amb salsa chimichurri picant 49

Farfalle bullit amb olives 51

Pasta penne cuita lenta 53

Fetuccini guisat amb mongetes pintos 55

Espaguetis italians a la cuina lenta amb mongetes 57

Pasta de papardelle a foc lent 60

Macarrons de colze i pebre verd a cocció lenta amb xoriço vegà i olives verdes 62

Petxines de pasta de cocció lenta amb tàperes 64

Penne de pasta lent amb olives i tàperes 66

Macarrons de colze amb olives i tàperes 68

Pasta Farfalle cuita a foc lent amb tàperes 70

Macarrons de colze Puttanesca 72

Espaguetis Puttanesca 74

Pappardelle Pasta Puttanesca 76

Pasta Penne amb tomàquets verds en salsa chimichurri 78

Macarrons i formatge vegans cremosos 81

Pasta Farfalle amb salsa de tomàquet de formatge crema vegana 83

Petxines de pasta amb salsa de tomàquet 85

Macarrons de colze amb pesto vermell 87

Pasta Pappardelle amb 2 tipus de pesto 89

Penne amb tàperes i xoriço vegà 91

Mongetes amb quinoa 93

Bolonyesa vegana 95

Bol de burrito d'arròs integral vegà 97

Bol de burrito de mongetes blanques amb salsa Chimichurri 99

Bol de burritos de cigrons amb pesto ... 101
Bol de burrito d'arròs negre amb xoriço vegà ... 103
Bol de burrito francès ... 106
Bol de burrito de Chipotle ... 108
Bol de burrito d'arròs integral italià ... 110
Bol de burrito d'arròs vermell i cigrons ... 111
Bol de burrito amb arròs negre i mongetes marinades ... 112
Bol de burrito de mongetes blanques fumades ... 114
Bol de burritos d'arròs integral amb pebrots serranos ... 116
Arròs vermell amb salsa chimichurri ... 118
Arròs negre amb pesto i pebrots d'Anaheim ... 119
Burrito de Mongeta Blanca Vegana i Xoriço ... 120
Arròs integral amb tàperes ... 121
Arròs vermell amb tàperes ... 123
Arròs negre amb olives ... 125
xili de mongetes negres ... 127
Xile de mongeta blanca picant ... 129
Xile Pesto picant ... 132
Mongeta Mung i Xile de Mongeta Negra ... 134
Mongetes negres i llenties cuites a poc a poc ... 136
Mongetes blanques i negres fumades a foc lent ... 138
Mongetes mungo tailandeses a foc lent ... 140
Salsa de pesto de mongetes a cocció lenta ... 142
Llenties i pebrots ... 144

Mongetes negres i tomàquets tailandesos	147
Mongetes blanques i negres picants i picants	149
Llenties franceses i mongetes negres amb arròs vermell	151
Mongetes seques i quinoa amb pesto	153
Arròs negre picant tailandès	155
Quinoa picant i picant i mongetes negres	157
Arròs integral i mongetes blanques	159
Arròs negre amb mongetes negres	161
Mongetes negres i mongetes	163
Arròs vermell i mongetes negres amb pebre jalapeño	166
Quinoa fumada i llenties	168
Arròs integral picant	170
Arròs negre amb pebrots jalapeños	172
Mongetes negres i ronyons amb salsa de pesto	174
Arròs vermell amb mongetes negres i tomàquet	176
Quinoa i tomàquets estofats	178
Arròs integral amb tomàquet i pebrot jalapeño	180
Mongetes negres amb salsa chimichurri	182
Arròs amb pesto i mongetes negres	184
Quinoa i bolets jalapeño	186
Arròs vermell amb Crimini i bolets	188
Arròs integral amb bolets Crimini i Xile Ancho	191
Pastís de verdures	193
Sopa de pèsols i porros partida	195

Sopa de mongetes negres i pebre 197

Llenties marrons, verdes i pardina masala 199

Cigrons i patates a foc lent 201

Estofat de col rizada i mongetes blanques 204

Sopa de moniato i espinacs 207

Xile de quinoa i mongetes 209

Carabassons a la planxa i bolets 211

Carbassó i xampinyons cremini a la planxa amb glasat balsàmic 213

Sopa de pastanaga amb pesto 215

Sopa de tomàquet i llimona 217

Fettuccines i olives verdes

INGREDIENTS

1 ceba vermella, mitja picada

1 pebrot verd picat

15 unces de mongetes en conserva, esbandides i escorregudes

Llauna de 15 unces de mongetes blanques, esbandides i escorregudes

28 unces de tomàquets triturats

1/4 tassa d'olives verdes

2 cullerades. tàperes

½ culleradeta de sal

1/8 culleradeta de pebre negre

2 tasses de brou de verdures

8 unces de fettuccini sense cuinar

1 ½ tassa de formatge vegà (fet amb tofu)

Ingredients per farcir:

cebes verdes picades per servir

Poseu tots els ingredients excepte la pasta, el formatge vegà i els ingredients de farciment a la vostra olla de cuina lenta.

Barrejar i tapar.

Coure a foc fort durant 4 hores o a foc lent durant 7 hores.

Afegiu la pasta i deixeu-ho coure a foc fort durant 18 minuts, o fins que la pasta quedi al dente

Afegiu 1 tassa de formatge i remeneu.

Espolvorear amb la resta de formatge vegà i els ingredients de cobertura

Espaguetis amb mongetes de mantega i mongetes negres

INGREDIENTS

1 ceba groga, picada mitjana

1 pebrot vermell, picat

15 unces de mongetes de mantega, esbandides i escorregudes

15 unces de mongetes negres en conserva, esbandides i escorregudes

28 unces de tomàquets triturats

4 cullerades. formatge cremós vegà

1 C. Herbes de la Provença

½ culleradeta de sal

1/8 culleradeta de pebre negre

2 tasses de brou de verdures

8 unces d'espaguetis sense cuinar

1 ½ tassa de formatge vegà (fet amb tofu)

Ingredients per farcir:

cebes verdes picades per servir

Poseu tots els ingredients excepte la pasta, el formatge vegà i els ingredients de farciment a la vostra olla de cuina lenta.

Barrejar i tapar.

Coure a foc fort durant 4 hores o a foc lent durant 7 hores.

Afegiu la pasta i deixeu-ho coure a foc fort durant 18 minuts, o fins que la pasta quedi al dente

Afegiu 1 tassa de formatge i remeneu.

Espolvorear amb la resta de formatge vegà i els ingredients de cobertura

Espaguetis amb xoriço i mongetes vermelles

INGREDIENTS

1 ceba vermella, mitja picada

1 pebrot verd picat

15 unces de mongetes en conserva

Pot de 15 unces de mongetes grans del nord

28 unces de tomàquets triturats

1/4 tassa de xoriço vegà, picat gruixut

1 C. farigola seca

½ culleradeta de sal

1/8 culleradeta de pebre negre

2 tasses de brou de verdures

8 unces de fideus d'espaguetis sense cuinar

1 ½ tassa de formatge vegà (fet amb tofu)

Ingredients per farcir:

cebes verdes picades per servir

Poseu tots els ingredients excepte la pasta, el formatge vegà i els ingredients de farciment a la vostra olla de cuina lenta.

Barrejar i tapar.

Coure a foc fort durant 4 hores o a foc lent durant 7 hores.

Afegiu la pasta i deixeu-ho coure a foc fort durant 18 minuts, o fins que la pasta quedi al dente

Afegiu 1 tassa de formatge i remeneu.

Espolvorear amb la resta de formatge vegà i els ingredients de cobertura

Pasta Pappardelle amb tomàquet i formatge vegà

INGREDIENTS

1 ceba vermella, mitja picada

1 pebrot verd picat

15 unces de mongetes de mantega, esbandides i escorregudes

15 unces de mongetes negres en conserva, esbandides i escorregudes

28 unces de tomàquets triturats

2 cullerades. pasta de tomàquet

1 C. alfàbrega

1 C. condiment italià

½ culleradeta de sal

1/8 culleradeta de pebre negre

2 tasses de brou de verdures

8 unces de pasta pappardelle sense cuinar

1 ½ tassa de formatge vegà (fet amb tofu)

Ingredients per farcir:

cebes verdes picades per servir

Poseu tots els ingredients excepte la pasta, el formatge vegà i els ingredients de farciment a la vostra olla de cuina lenta.

Barrejar i tapar.

Coure a foc fort durant 4 hores o a foc lent durant 7 hores.

Afegiu la pasta i deixeu-ho coure a foc fort durant 18 minuts, o fins que la pasta quedi al dente

Afegiu 1 tassa de formatge i remeneu.

Espolvorear amb la resta de formatge vegà i els ingredients de cobertura

Macarrons i cigrons

INGREDIENTS

15 unces de mongetes pintos, esbandides i escorregudes

15 unces de cigrons, esbandits i escorreguts

28 unces de tomàquets triturats

4 cullerades. Pesto

1 C. condiment italià

½ culleradeta de sal

1/8 culleradeta de pebre negre

2 tasses de brou de verdures

8 unces de pasta de macarrons de colze de blat integral sense cuinar

1 ½ tassa de formatge vegà (fet amb tofu)

Ingredients per farcir:

cebes verdes picades per servir

Poseu tots els ingredients excepte la pasta, el formatge vegà i els ingredients de farciment a la vostra olla de cuina lenta.

Barrejar i tapar.

Coure a foc fort durant 4 hores o a foc lent durant 7 hores.

Afegiu la pasta i deixeu-ho coure a foc fort durant 18 minuts, o fins que la pasta quedi al dente

Afegiu 1 tassa de formatge i remeneu.

Espolvorear amb la resta de formatge vegà i els ingredients de cobertura

Pasta Farfalle amb salsa chimichurri picant

INGREDIENTS

5 pebrots jalapeños

1 ceba groga, picada

15 unces de mongetes de mantega, esbandides i escorregudes

15 unces de mongetes negres en conserva, esbandides i escorregudes

4 cullerades. salsa chimichurri

1/2 culleradeta. pebre de caiena

½ culleradeta de sal

1/8 culleradeta de pebre negre

2 tasses de brou de verdures

8 unces de pasta farfalle sense coure

1 ½ tassa de formatge vegà (fet amb tofu)

Ingredients per farcir:

cebes verdes picades per servir

Poseu tots els ingredients excepte la pasta, el formatge vegà i els ingredients de farciment a la vostra olla de cuina lenta.

Barrejar i tapar.

Coure a foc fort durant 4 hores o a foc lent durant 7 hores.

Afegiu la pasta i deixeu-ho coure a foc fort durant 18 minuts, o fins que la pasta quedi al dente

Afegiu 1 tassa de formatge i remeneu.

Espolvorear amb la resta de formatge vegà i els ingredients de cobertura

Macarrons de colze de mongeta del nord

INGREDIENTS

1 ceba vermella, mitja picada

1 pebrot verd picat

15 unces de mongetes en conserva

Pot de 15 unces de mongetes grans del nord

28 unces de tomàquets triturats

3 unces de mozzarella vegana

1 C. condiment italià

½ culleradeta de sal

1/8 culleradeta de pebre negre

2 tasses de brou de verdures

8 unces de pasta de macarrons de colze de blat integral sense cuinar

1 ½ tassa de formatge vegà (fet amb tofu)

Ingredients per farcir:

cebes verdes picades per servir

Poseu tots els ingredients excepte la pasta, el formatge vegà i els ingredients de farciment a la vostra olla de cuina lenta.

Barrejar i tapar.

Coure a foc fort durant 4 hores o a foc lent durant 7 hores.

Afegiu la pasta i deixeu-ho coure a foc fort durant 18 minuts, o fins que la pasta quedi al dente

Afegiu 1 tassa de formatge i remeneu.

Espolvorear amb la resta de formatge vegà i els ingredients de cobertura

Espaguetis amb olives verdes i pebrots

INGREDIENTS

1 ceba vermella, mitja picada

1 pebrot verd picat

15 unces de mongetes en conserva, esbandides i escorregudes

Llauna de 15 unces de mongetes blanques, esbandides i escorregudes

28 unces de tomàquets triturats

1/4 tassa d'olives verdes

2 cullerades. tàperes

½ culleradeta de sal

1/8 culleradeta de pebre negre

2 tasses de brou de verdures

8 unces de fideus d'espaguetis sense cuinar

1 ½ tassa de formatge vegà (fet amb tofu)

Ingredients per farcir:

cebes verdes picades per servir

Poseu tots els ingredients excepte la pasta, el formatge vegà i els ingredients de farciment a la vostra olla de cuina lenta.

Barrejar i tapar.

Coure a foc fort durant 4 hores o a foc lent durant 7 hores.

Afegiu la pasta i deixeu-ho coure a foc fort durant 18 minuts, o fins que la pasta quedi al dente

Afegiu 1 tassa de formatge i remeneu.

Espolvorear amb la resta de formatge vegà i els ingredients de cobertura

Macarrons de blat integral amb formatge cremós vegà

INGREDIENTS

1 ceba vermella, mitja picada

1 pebrot verd picat

15 unces de mongetes de mantega, esbandides i escorregudes

15 unces de mongetes negres en conserva, esbandides i escorregudes

28 unces de tomàquets triturats

4 cullerades. formatge cremós vegà

1 C. Herbes de la Provença

½ culleradeta de sal

1/8 culleradeta de pebre negre

2 tasses de brou de verdures

8 unces de pasta de macarrons de colze de blat integral sense cuinar

1 ½ tassa de formatge vegà (fet amb tofu)

Ingredients per farcir:

cebes verdes picades per servir

Poseu tots els ingredients excepte la pasta, el formatge vegà i els ingredients de farciment a la vostra olla de cuina lenta.

Barrejar i tapar.

Coure a foc fort durant 4 hores o a foc lent durant 7 hores.

Afegiu la pasta i deixeu-ho coure a foc fort durant 18 minuts, o fins que la pasta quedi al dente

Afegiu 1 tassa de formatge i remeneu.

Espolvorear amb la resta de formatge vegà i els ingredients de cobertura

Penne Pasta amb Xoriço

INGREDIENTS

1 ceba groga, picada mitjana

1 pebrot vermell, picat

15 unces de mongetes en conserva

Pot de 15 unces de mongetes grans del nord

28 unces de tomàquets triturats

1/4 tassa de xoriço vegà, picat gruixut

1 C. farigola seca

½ culleradeta de sal

1/8 culleradeta de pebre negre

2 tasses de brou de verdures

8 unces de pasta penne sense cuinar

1 ½ tassa de formatge vegà (fet amb tofu)

Ingredients per farcir:

cebes verdes picades per servir

Poseu tots els ingredients excepte la pasta, el formatge vegà i els ingredients de farciment a la vostra olla de cuina lenta.

Barrejar i tapar.

Coure a foc fort durant 4 hores o a foc lent durant 7 hores.

Afegiu la pasta i deixeu-ho coure a foc fort durant 18 minuts, o fins que la pasta quedi al dente

Afegiu 1 tassa de formatge i remeneu.

Espolvorear amb la resta de formatge vegà i els ingredients de cobertura

Pasta papardelle amb faves

INGREDIENTS

1 ceba vermella, mitja picada

1 pebrot verd picat

15 unces de mongetes en conserva, esbandides i escorregudes

Llauna de 15 unces de mongetes blanques, esbandides i escorregudes

28 unces de tomàquets triturats

4 cullerades. Pesto

1 C. condiment italià

½ culleradeta de sal

1/8 culleradeta de pebre negre

2 tasses de brou de verdures

8 unces de pasta pappardelle sense cuinar

1 ½ tassa de formatge vegà (fet amb tofu)

Ingredients per farcir:

cebes verdes picades per servir

Poseu tots els ingredients excepte la pasta, el formatge vegà i els ingredients de farciment a la vostra olla de cuina lenta.

Barrejar i tapar.

Coure a foc fort durant 4 hores o a foc lent durant 7 hores.

Afegiu la pasta i deixeu-ho coure a foc fort durant 18 minuts, o fins que la pasta quedi al dente

Afegiu 1 tassa de formatge i remeneu.

Espolvorear amb la resta de formatge vegà i els ingredients de cobertura

Fettuccines a foc lent amb mongetes de mantega

INGREDIENTS

1 ceba vermella, mitja picada

1 pebrot verd picat

15 unces de mongetes de mantega, esbandides i escorregudes

15 unces de mongetes negres en conserva, esbandides i escorregudes

28 unces de tomàquets triturats

2 cullerades. pasta de tomàquet

1 C. alfàbrega

1 C. condiment italià

½ culleradeta de sal

1/8 culleradeta de pebre negre

2 tasses de brou de verdures

8 unces de fettuccini sense cuinar

1 ½ tassa de formatge vegà (fet amb tofu)

Ingredients per farcir:

cebes verdes picades per servir

Poseu tots els ingredients excepte la pasta, el formatge vegà i els ingredients de farciment a la vostra olla de cuina lenta.

Barrejar i tapar.

Coure a foc fort durant 4 hores o a foc lent durant 7 hores.

Afegiu la pasta i deixeu-ho coure a foc fort durant 18 minuts, o fins que la pasta quedi al dente

Afegiu 1 tassa de formatge i remeneu.

Espolvorear amb la resta de formatge vegà i els ingredients de cobertura

Petxines de pasta de cocció lenta amb salsa chimichurri

INGREDIENTS

5 pebrots jalapeños

15 unces de mongetes en conserva, esbandides i escorregudes

Pot de 15 unces Great Northern Beans, esbandit i escorregut

4 cullerades. salsa chimichurri

1/2 culleradeta. pebre de caiena

½ culleradeta de sal

1/8 culleradeta de pebre negre

2 tasses de brou de verdures

8 unces de closques de pasta sense cuinar

1 ½ tassa de formatge vegà (fet amb tofu)

Ingredients per farcir:

cebes verdes picades per servir

Poseu tots els ingredients excepte la pasta, el formatge vegà i els ingredients de farciment a la vostra olla de cuina lenta.

Barrejar i tapar.

Coure a foc fort durant 4 hores o a foc lent durant 7 hores.

Afegiu la pasta i deixeu-ho coure a foc fort durant 18 minuts, o fins que la pasta quedi al dente

Afegiu 1 tassa de formatge i remeneu.

Espolvorear amb la resta de formatge vegà i els ingredients de cobertura

Pasta farfalle de cocció lenta amb cigrons

INGREDIENTS

1 ceba groga, picada mitjana

1 pebrot vermell, picat

15 unces de mongetes pintos, esbandides i escorregudes

15 unces de cigrons, esbandits i escorreguts

28 unces de tomàquets triturats

1/4 tassa d'olives verdes

2 cullerades. tàperes

½ culleradeta de sal

1/8 culleradeta de pebre negre

2 tasses de brou de verdures

8 unces de pasta farfalle sense coure

1 ½ tassa de formatge vegà (fet amb tofu)

Ingredients per farcir:

cebes verdes picades per servir

Poseu tots els ingredients excepte la pasta, el formatge vegà i els ingredients de farciment a la vostra olla de cuina lenta.

Barrejar i tapar.

Coure a foc fort durant 4 hores o a foc lent durant 7 hores.

Afegiu la pasta i deixeu-ho coure a foc fort durant 18 minuts, o fins que la pasta quedi al dente

Afegiu 1 tassa de formatge i remeneu.

Espolvorear amb la resta de formatge vegà i els ingredients de cobertura

Estofat d'espaguetis amb mongetes i pebrots

INGREDIENTS

1 ceba vermella, mitja picada

1 pebrot verd picat

15 unces de mongetes de mantega, esbandides i escorregudes

15 unces de mongetes negres en conserva, esbandides i escorregudes

28 unces de tomàquets triturats

3 unces de mozzarella vegana

1 C. condiment italià

½ culleradeta de sal

1/8 culleradeta de pebre negre

2 tasses de brou de verdures

8 unces de fideus d'espaguetis sense cuinar

1 ½ tassa de formatge vegà (fet amb tofu)

Ingredients per farcir:

cebes verdes picades per servir

Poseu tots els ingredients excepte la pasta, el formatge vegà i els ingredients de farciment a la vostra olla de cuina lenta.

Barrejar i tapar.

Coure a foc fort durant 4 hores o a foc lent durant 7 hores.

Afegiu la pasta i deixeu-ho coure a foc fort durant 18 minuts, o fins que la pasta quedi al dente

Afegiu 1 tassa de formatge i remeneu.

Espolvorear amb la resta de formatge vegà i els ingredients de cobertura

Macarrons picants a la cocció lenta i formatge vegà

INGREDIENTS

1 pebrot ancho

1 ceba vermella

15 unces de mongetes en conserva, esbandides i escorregudes

Pot de 15 unces Great Northern Beans, esbandit i escorregut

28 unces de tomàquets triturats

1 ½ cullerades de xile en pols

2 culleradetes de comí

½ culleradeta de sal

1/8 culleradeta de pebre negre

2 tasses de brou de verdures

8 unces de pasta de macarrons de colze de blat integral sense cuinar

1 ½ tassa de formatge vegà (fet amb tofu)

Ingredients per farcir:

cebes verdes picades per servir

Poseu tots els ingredients excepte la pasta, el formatge vegà i els ingredients de farciment a la vostra olla de cuina lenta.

Barrejar i tapar.

Coure a foc fort durant 4 hores o a foc lent durant 7 hores.

Afegiu la pasta i deixeu-ho coure a foc fort durant 18 minuts, o fins que la pasta quedi al dente

Afegiu 1 tassa de formatge i remeneu.

Espolvorear amb la resta de formatge vegà i els ingredients de cobertura

Penne Pasta amb Pesto

INGREDIENTS

1 ceba vermella, mitja picada

1 pebrot verd picat

15 unces de mongetes en conserva, esbandides i escorregudes

Llauna de 15 unces de mongetes blanques, esbandides i escorregudes

28 unces de tomàquets triturats

4 cullerades. Pesto

1 C. condiment italià

½ culleradeta de sal

1/8 culleradeta de pebre negre

2 tasses de brou de verdures

8 unces de pasta penne sense cuinar

1 ½ tassa de formatge vegà (fet amb tofu)

Ingredients per farcir:

cebes verdes picades per servir

Poseu tots els ingredients excepte la pasta, el formatge vegà i els ingredients de farciment a la vostra olla de cuina lenta.

Barrejar i tapar.

Coure a foc fort durant 4 hores o a foc lent durant 7 hores.

Afegiu la pasta i deixeu-ho coure a foc fort durant 18 minuts, o fins que la pasta quedi al dente

Afegiu 1 tassa de formatge i remeneu.

Espolvorear amb la resta de formatge vegà i els ingredients de cobertura

Pappardelle Pasta de mongetes negres i mantega

INGREDIENTS

1 ceba vermella, mitja picada

1 pebrot verd picat

15 unces de mongetes de mantega, esbandides i escorregudes

15 unces de mongetes negres en conserva, esbandides i escorregudes

28 unces de tomàquets triturats

4 cullerades. formatge cremós vegà

1 C. Herbes de la Provença

½ culleradeta de sal

1/8 culleradeta de pebre negre

2 tasses de brou de verdures

8 unces de pasta pappardelle sense cuinar

1 ½ tassa de formatge vegà (fet amb tofu)

Ingredients per farcir:

cebes verdes picades per servir

Poseu tots els ingredients excepte la pasta, el formatge vegà i els ingredients de farciment a la vostra olla de cuina lenta.

Barrejar i tapar.

Coure a foc fort durant 4 hores o a foc lent durant 7 hores.

Afegiu la pasta i deixeu-ho coure a foc fort durant 18 minuts, o fins que la pasta quedi al dente

Afegiu 1 tassa de formatge i remeneu.

Espolvorear amb la resta de formatge vegà i els ingredients de cobertura

Macarrons i xoriços vegans

INGREDIENTS

1 ceba groga, picada mitjana

1 pebrot vermell, picat

15 unces de mongetes pintos, esbandides i escorregudes

15 unces de cigrons, esbandits i escorreguts

28 unces de tomàquets triturats

1/4 tassa de xoriço vegà, picat gruixut

1 C. farigola seca

½ culleradeta de sal

1/8 culleradeta de pebre negre

2 tasses de brou de verdures

8 unces de pasta de macarrons de colze de blat integral sense cuinar

1 ½ tassa de formatge vegà (fet amb tofu)

Ingredients per farcir:

cebes verdes picades per servir

Poseu tots els ingredients excepte la pasta, el formatge vegà i els ingredients de farciment a la vostra olla de cuina lenta.

Barrejar i tapar.

Coure a foc fort durant 4 hores o a foc lent durant 7 hores.

Afegiu la pasta i deixeu-ho coure a foc fort durant 18 minuts, o fins que la pasta quedi al dente

Afegiu 1 tassa de formatge i remeneu.

Espolvorear amb la resta de formatge vegà i els ingredients de cobertura

Petxines de pasta amb salsa chimichurri picant

INGREDIENTS

1 ceba vermella, mitja picada

5 pebrots jalapeños

1 ceba vermella

15 unces de mongetes en conserva, esbandides i escorregudes

Pot de 15 unces Great Northern Beans, esbandit i escorregut

4 cullerades. salsa chimichurri

1/2 culleradeta. pebre de caiena

½ culleradeta de sal

1/8 culleradeta de pebre negre

2 tasses de brou de verdures

8 unces de closques de pasta sense cuinar

1 ½ tassa de formatge vegà (fet amb tofu)

Ingredients per farcir:

cebes verdes picades per servir

Poseu tots els ingredients excepte la pasta, el formatge vegà i els ingredients de farciment a la vostra olla de cuina lenta.

Barrejar i tapar.

Coure a foc fort durant 4 hores o a foc lent durant 7 hores.

Afegiu la pasta i deixeu-ho coure a foc fort durant 18 minuts, o fins que la pasta quedi al dente

Afegiu 1 tassa de formatge i remeneu.

Espolvorear amb la resta de formatge vegà i els ingredients de cobertura

Farfalle bullit amb olives

INGREDIENTS

1 ceba vermella, mitja picada

1 pebrot verd picat

15 unces de mongetes en conserva, esbandides i escorregudes

Llauna de 15 unces de mongetes blanques, esbandides i escorregudes

28 unces de tomàquets triturats

1/4 tassa d'olives verdes

2 cullerades. tàperes

½ culleradeta de sal

1/8 culleradeta de pebre negre

2 tasses de brou de verdures

8 unces de pasta farfalle sense coure

1 ½ tassa de formatge vegà (fet amb tofu)

Ingredients per farcir:

cebes verdes picades per servir

Poseu tots els ingredients excepte la pasta, el formatge vegà i els ingredients de farciment a la vostra olla de cuina lenta.

Barrejar i tapar.

Coure a foc fort durant 4 hores o a foc lent durant 7 hores.

Afegiu la pasta i deixeu-ho coure a foc fort durant 18 minuts, o fins que la pasta quedi al dente

Afegiu 1 tassa de formatge i remeneu.

Espolvorear amb la resta de formatge vegà i els ingredients de cobertura

Pasta penne cuita lenta

INGREDIENTS

1 ceba vermella, mitja picada

1 pebrot verd picat

15 unces de mongetes de mantega, esbandides i escorregudes

15 unces de mongetes negres en conserva, esbandides i escorregudes

28 unces de tomàquets triturats

3 unces de mozzarella vegana

1 C. condiment italià

½ culleradeta de sal

1/8 culleradeta de pebre negre

2 tasses de brou de verdures

8 unces de pasta penne sense cuinar

1 ½ tassa de formatge vegà (fet amb tofu)

Ingredients per farcir:

cebes verdes picades per servir

Poseu tots els ingredients excepte la pasta, el formatge vegà i els ingredients de farciment a la vostra olla de cuina lenta.

Barrejar i tapar.

Coure a foc fort durant 4 hores o a foc lent durant 7 hores.

Afegiu la pasta i deixeu-ho coure a foc fort durant 18 minuts, o fins que la pasta quedi al dente

Afegiu 1 tassa de formatge i remeneu.

Espolvorear amb la resta de formatge vegà i els ingredients de cobertura

Fetuccini guisat amb mongetes pintos

INGREDIENTS

1 ceba vermella, mitja picada

1 pebrot verd picat

15 unces de mongetes pintos, esbandides i escorregudes

15 unces de cigrons, esbandits i escorreguts

28 unces de tomàquets triturats

4 cullerades. formatge cremós vegà

1 C. Herbes de la Provença

½ culleradeta de sal

1/8 culleradeta de pebre negre

2 tasses de brou de verdures

8 unces de fettuccini sense cuinar

1 ½ tassa de formatge vegà (fet amb tofu)

Ingredients per farcir:

cebes verdes picades per servir

Poseu tots els ingredients excepte la pasta, el formatge vegà i els ingredients de farciment a la vostra olla de cuina lenta.

Barrejar i tapar.

Coure a foc fort durant 4 hores o a foc lent durant 7 hores.

Afegiu la pasta i deixeu-ho coure a foc fort durant 18 minuts, o fins que la pasta quedi al dente

Afegiu 1 tassa de formatge i remeneu.

Espolvorear amb la resta de formatge vegà i els ingredients de cobertura

Espaguetis italians a la cuina lenta amb mongetes

INGREDIENTS

1 ceba vermella, mitja picada

1 pebrot verd picat

15 unces de mongetes en conserva, esbandides i escorregudes

Pot de 15 unces Great Northern Beans, esbandit i escorregut

28 unces de tomàquets triturats

4 cullerades. Pesto

1 C. condiment italià

½ culleradeta de sal

1/8 culleradeta de pebre negre

2 tasses de brou de verdures

8 unces de fideus d'espaguetis sense cuinar

1 ½ tassa de formatge vegà (fet amb tofu)

Ingredients per farcir:

cebes verdes picades per servir

Poseu tots els ingredients excepte la pasta, el formatge vegà i els ingredients de farciment a la vostra olla de cuina lenta.

Barrejar i tapar.

Coure a foc fort durant 4 hores o a foc lent durant 7 hores.

Afegiu la pasta i deixeu-ho coure a foc fort durant 18 minuts, o fins que la pasta quedi al dente

Afegiu 1 tassa de formatge i remeneu.

Espolvorear amb la resta de formatge vegà i els ingredients de cobertura

Pasta de papardelle a foc lent

INGREDIENTS

1 ceba groga, picada mitjana

1 pebrot vermell, picat

15 unces de mongetes en conserva, esbandides i escorregudes

Llauna de 15 unces de mongetes blanques, esbandides i escorregudes

28 unces de tomàquets triturats

2 cullerades. pasta de tomàquet

1 C. alfàbrega

1 C. condiment italià

½ culleradeta de sal

1/8 culleradeta de pebre negre

2 tasses de brou de verdures

8 unces de pasta pappardelle sense cuinar

1 ½ tassa de formatge vegà (fet amb tofu)

Ingredients per farcir:

cebes verdes picades per servir

Poseu tots els ingredients excepte la pasta, el formatge vegà i els ingredients de farciment a la vostra olla de cuina lenta.

Barrejar i tapar.

Coure a foc fort durant 4 hores o a foc lent durant 7 hores.

Afegiu la pasta i deixeu-ho coure a foc fort durant 18 minuts, o fins que la pasta quedi al dente

Afegiu 1 tassa de formatge i remeneu.

Espolvorear amb la resta de formatge vegà i els ingredients de cobertura

Macarrons de colze i pebre verd a cocció lenta amb xoriço vegà i olives verdes

INGREDIENTS

1 ceba vermella, mitja picada

1 pebrot verd picat

½ tassa d'olives verdes, escorregudes

15 unces de mongetes negres en conserva, esbandides i escorregudes

28 unces de tomàquets triturats

1/4 tassa de xoriço vegà, picat gruixut

1 C. farigola seca

½ culleradeta de sal

1/8 culleradeta de pebre negre

2 tasses de brou de verdures

8 unces de pasta de macarrons de colze de blat integral sense cuinar

1 ½ tassa de formatge vegà (fet amb tofu)

Ingredients per farcir:

cebes verdes picades per servir

Poseu tots els ingredients excepte la pasta, el formatge vegà i els ingredients de farciment a la vostra olla de cuina lenta.

Barrejar i tapar.

Coure a foc fort durant 4 hores o a foc lent durant 7 hores.

Afegiu la pasta i deixeu-ho coure a foc fort durant 18 minuts, o fins que la pasta quedi al dente

Afegiu 1 tassa de formatge i remeneu.

Espolvorear amb la resta de formatge vegà i els ingredients de cobertura

Petxines de pasta de cocció lenta amb tàperes

INGREDIENTS

1 ceba vermella, mitja picada

1 pebrot verd picat

15 unces de mongetes pintos, esbandides i escorregudes

¼ tassa de tàperes, escorregudes

4 cullerades. salsa chimichurri

1/2 culleradeta. pebre de caiena

½ culleradeta de sal

1/8 culleradeta de pebre negre

2 tasses de brou de verdures

8 unces de closques de pasta sense cuinar

1 ½ tassa de formatge vegà (fet amb tofu)

Ingredients per farcir:

cebes verdes picades per servir

Poseu tots els ingredients excepte la pasta, el formatge vegà i els ingredients de farciment a la vostra olla de cuina lenta.

Barrejar i tapar.

Coure a foc fort durant 4 hores o a foc lent durant 7 hores.

Afegiu la pasta i deixeu-ho coure a foc fort durant 18 minuts, o fins que la pasta quedi al dente

Afegiu 1 tassa de formatge i remeneu.

Espolvorear amb la resta de formatge vegà i els ingredients de cobertura

Penne de pasta lent amb olives i tàperes

INGREDIENTS

1 ceba vermella, mitja picada

1 pebrot verd picat

¼ tassa d'olives, escorregudes

¼ tassa de tàperes, escorregudes

28 unces de tomàquets triturats

4 cullerades. formatge cremós vegà

1 C. Herbes de la Provença

½ culleradeta de sal

1/8 culleradeta de pebre negre

2 tasses de brou de verdures

8 unces de pasta penne sense cuinar

1 ½ tassa de formatge vegà (fet amb tofu)

Ingredients per farcir:

cebes verdes picades per servir

Poseu tots els ingredients excepte la pasta, el formatge vegà i els ingredients de farciment a la vostra olla de cuina lenta.

Barrejar i tapar.

Coure a foc fort durant 4 hores o a foc lent durant 7 hores.

Afegiu la pasta i deixeu-ho coure a foc fort durant 18 minuts, o fins que la pasta quedi al dente

Afegiu 1 tassa de formatge i remeneu.

Espolvorear amb la resta de formatge vegà i els ingredients de cobertura

Macarrons de colze amb olives i tàperes

INGREDIENTS

1 ceba vermella, mitja picada

1 pebrot verd picat

15 unces de mongetes en conserva, esbandides i escorregudes

Pot de 15 unces Great Northern Beans, esbandit i escorregut

28 unces de tomàquets triturats

1/4 tassa d'olives verdes

2 cullerades. tàperes

½ culleradeta de sal

1/8 culleradeta de pebre negre

2 tasses de brou de verdures

8 unces de pasta de macarrons de colze de blat integral sense cuinar

1 ½ tassa de formatge vegà (fet amb tofu)

Ingredients per farcir:

cebes verdes picades per servir

Poseu tots els ingredients excepte la pasta, el formatge vegà i els ingredients de farciment a la vostra olla de cuina lenta.

Barrejar i tapar.

Coure a foc fort durant 4 hores o a foc lent durant 7 hores.

Afegiu la pasta i deixeu-ho coure a foc fort durant 18 minuts, o fins que la pasta quedi al dente

Afegiu 1 tassa de formatge i remeneu.

Espolvorear amb la resta de formatge vegà i els ingredients de cobertura

Pasta Farfalle cuita a foc lent amb tàperes

INGREDIENTS

1 ceba groga, picada mitjana

¼ tassa de tàperes, escorregudes

28 unces de tomàquets triturats

3 unces de mozzarella vegana

1 C. condiment italià

½ culleradeta de sal

1/8 culleradeta de pebre negre

2 tasses de brou de verdures

8 unces de pasta farfalle sense coure

1 ½ tassa de formatge vegà (fet amb tofu)

Ingredients per farcir:

cebes verdes picades per servir

Poseu tots els ingredients excepte la pasta, el formatge vegà i els ingredients de farciment a la vostra olla de cuina lenta.

Barrejar i tapar.

Coure a foc fort durant 4 hores o a foc lent durant 7 hores.

Afegiu la pasta i deixeu-ho coure a foc fort durant 18 minuts, o fins que la pasta quedi al dente

Afegiu 1 tassa de formatge i remeneu.

Espolvorear amb la resta de formatge vegà i els ingredients de cobertura

Macarrons de colze Puttanesca

INGREDIENTS

1 ceba vermella, mitja picada

1 pebrot verd picat

¼ tassa de tàperes, escorregudes

¼ tassa d'olives, escorregudes

15 unces de salsa de tomàquet en conserva

28 unces de tomàquets triturats

4 cullerades. Pesto

1 C. condiment italià

½ culleradeta de sal

1/8 culleradeta de pebre negre

2 tasses de brou de verdures

8 unces de pasta de macarrons de colze de blat integral sense cuinar

1 ½ tassa de formatge vegà (fet amb tofu)

Ingredients per farcir:

cebes verdes picades per servir

Poseu tots els ingredients excepte la pasta, el formatge vegà i els ingredients de farciment a la vostra olla de cuina lenta.

Barrejar i tapar.

Coure a foc fort durant 4 hores o a foc lent durant 7 hores.

Afegiu la pasta i deixeu-ho coure a foc fort durant 18 minuts, o fins que la pasta quedi al dente

Afegiu 1 tassa de formatge i remeneu.

Espolvorear amb la resta de formatge vegà i els ingredients de cobertura

Espaguetis Puttanesca

INGREDIENTS

1 ceba vermella, mitja picada

1 pebrot verd picat

¼ tassa de tàperes, escorregudes

¼ tassa d'olives negres, escorregudes

15 unces de salsa de tomàquet

28 unces de tomàquets triturats

2 cullerades. pasta de tomàquet

1 C. alfàbrega

1 C. condiment italià

½ culleradeta de sal

1/8 culleradeta de pebre negre

2 tasses de brou de verdures

8 unces de fideus d'espaguetis sense cuinar

1 ½ tassa de formatge vegà (fet amb tofu)

Ingredients per farcir:

cebes verdes picades per servir

Poseu tots els ingredients excepte la pasta, el formatge vegà i els ingredients de farciment a la vostra olla de cuina lenta.

Barrejar i tapar.

Coure a foc fort durant 4 hores o a foc lent durant 7 hores.

Afegiu la pasta i deixeu-ho coure a foc fort durant 18 minuts, o fins que la pasta quedi al dente

Afegiu 1 tassa de formatge i remeneu.

Espolvorear amb la resta de formatge vegà i els ingredients de cobertura

Pappardelle Pasta Puttanesca

INGREDIENTS

1 ceba vermella, mitja picada

15 unces de salsa de tomàquet

¼ tassa de tàperes, escorregudes

28 unces de tomàquets triturats

1/4 tassa de xoriço vegà, picat gruixut

1 C. farigola seca

½ culleradeta de sal

1/8 culleradeta de pebre negre

2 tasses de brou de verdures

8 unces de pasta pappardelle sense cuinar

1 ½ tassa de formatge vegà (fet amb tofu)

Ingredients per farcir:

cebes verdes picades per servir

Poseu tots els ingredients excepte la pasta, el formatge vegà i els ingredients de farciment a la vostra olla de cuina lenta.

Barrejar i tapar.

Coure a foc fort durant 4 hores o a foc lent durant 7 hores.

Afegiu la pasta i deixeu-ho coure a foc fort durant 18 minuts, o fins que la pasta quedi al dente

Afegiu 1 tassa de formatge i remeneu.

Espolvorear amb la resta de formatge vegà i els ingredients de cobertura

Pasta Penne amb tomàquets verds en salsa chimichurri

INGREDIENTS

1 ceba vermella, mitja picada

1 pebrot verd picat

1 tassa de tomàquets verds picats

¼ tassa de tàperes, escorregudes

4 cullerades. salsa chimichurri

1/2 culleradeta. pebre de caiena

½ culleradeta de sal

1/8 culleradeta de pebre negre

2 tasses de brou de verdures

8 unces de pasta penne sense cuinar

1 ½ tassa de formatge vegà (fet amb tofu)

Ingredients per farcir:

cebes verdes picades per servir

Poseu tots els ingredients excepte la pasta, el formatge vegà i els ingredients de farciment a la vostra olla de cuina lenta.

Barrejar i tapar.

Coure a foc fort durant 4 hores o a foc lent durant 7 hores.

Afegiu la pasta i deixeu-ho coure a foc fort durant 18 minuts, o fins que la pasta quedi al dente

Afegiu 1 tassa de formatge i remeneu.

Espolvorear amb la resta de formatge vegà i els ingredients de cobertura

Macarrons i formatge vegans cremosos

INGREDIENTS

1 ceba vermella, mitja picada

1 pebrot verd picat

8 unces de formatge cremós vegà

15 unces de salsa de tomàquet en conserva

28 unces de tomàquets triturats

4 cullerades. formatge cremós vegà

1 C. Herbes de la Provença

½ culleradeta de sal

1/8 culleradeta de pebre negre

2 tasses de brou de verdures

8 unces de pasta de macarrons de colze de blat integral sense cuinar

1 ½ tassa de formatge vegà (fet amb tofu)

Ingredients per farcir:

cebes verdes picades per servir

Poseu tots els ingredients excepte la pasta, el formatge vegà i els ingredients de farciment a la vostra olla de cuina lenta.

Barrejar i tapar.

Coure a foc fort durant 4 hores o a foc lent durant 7 hores.

Afegiu la pasta i deixeu-ho coure a foc fort durant 18 minuts, o fins que la pasta quedi al dente

Afegiu 1 tassa de formatge i remeneu.

Espolvorear amb la resta de formatge vegà i els ingredients de cobertura

Pasta Farfalle amb salsa de tomàquet de formatge crema vegana

INGREDIENTS

1 ceba groga, picada mitjana

1 pebrot vermell, picat

8 unces de formatge cremós vegà

15 unces de salsa de tomàquet

28 unces de tomàquets triturats

1/4 tassa d'olives verdes

2 cullerades. tàperes

½ culleradeta de sal

1/8 culleradeta de pebre negre

2 tasses de brou de verdures

8 unces de pasta farfalle sense coure

1 ½ tassa de formatge vegà (fet amb tofu)

Ingredients per farcir:

cebes verdes picades per servir

Poseu tots els ingredients excepte la pasta, el formatge vegà i els ingredients de farciment a la vostra olla de cuina lenta.

Barrejar i tapar.

Coure a foc fort durant 4 hores o a foc lent durant 7 hores.

Afegiu la pasta i deixeu-ho coure a foc fort durant 18 minuts, o fins que la pasta quedi al dente

Afegiu 1 tassa de formatge i remeneu.

Espolvorear amb la resta de formatge vegà i els ingredients de cobertura

Petxines de pasta amb salsa de tomàquet

INGREDIENTS

1 ceba vermella, mitja picada

15 unces de salsa de tomàquet en conserva

28 unces de tomàquets triturats

3 unces de mozzarella vegana

1 C. condiment italià

½ culleradeta de sal

1/8 culleradeta de pebre negre

2 tasses de brou de verdures

8 unces de closques de pasta sense cuinar

1 ½ tassa de formatge vegà (fet amb tofu)

Ingredients per farcir:

cebes verdes picades per servir

Poseu tots els ingredients excepte la pasta, el formatge vegà i els ingredients de farciment a la vostra olla de cuina lenta.

Barrejar i tapar.

Coure a foc fort durant 4 hores o a foc lent durant 7 hores.

Afegiu la pasta i deixeu-ho coure a foc fort durant 18 minuts, o fins que la pasta quedi al dente

Afegiu 1 tassa de formatge i remeneu.

Espolvorear amb la resta de formatge vegà i els ingredients de cobertura

Macarrons de colze amb pesto vermell

INGREDIENTS

1 ceba vermella, mitja picada

1 pebrot verd picat

tassa de pesto vermell

15 unces de salsa de tomàquet en conserva

28 unces de tomàquets triturats

2 cullerades. pasta de tomàquet

1 C. alfàbrega

1 C. condiment italià

½ culleradeta de sal

1/8 culleradeta de pebre negre

2 tasses de brou de verdures

8 unces de pasta de macarrons de colze de blat integral sense cuinar

1 ½ tassa de formatge vegà (fet amb tofu)

Ingredients per farcir:

cebes verdes picades per servir

Poseu tots els ingredients excepte la pasta, el formatge vegà i els ingredients de farciment a la vostra olla de cuina lenta.

Barrejar i tapar.

Coure a foc fort durant 4 hores o a foc lent durant 7 hores.

Afegiu la pasta i deixeu-ho coure a foc fort durant 18 minuts, o fins que la pasta quedi al dente

Afegiu 1 tassa de formatge i remeneu.

Espolvorear amb la resta de formatge vegà i els ingredients de cobertura

Pasta Pappardelle amb 2 tipus de pesto

INGREDIENTS

1 ceba vermella, mitja picada

1 pebrot verd picat

15 unces de mongetes en conserva, esbandides i escorregudes

Pot de 15 unces Great Northern Beans, esbandit i escorregut

28 unces de tomàquets triturats

4 cullerades. Pesto

4 cullerades. pesto vermell

1 C. condiment italià

½ culleradeta de sal

1/8 culleradeta de pebre negre

2 tasses de brou de verdures

8 unces de pasta pappardelle sense cuinar

1 ½ tassa de formatge vegà (fet amb tofu)

Ingredients per farcir:

cebes verdes picades per servir

Poseu tots els ingredients excepte la pasta, el formatge vegà i els ingredients de farciment a la vostra olla de cuina lenta.

Barrejar i tapar.

Coure a foc fort durant 4 hores o a foc lent durant 7 hores.

Afegiu la pasta i deixeu-ho coure a foc fort durant 18 minuts, o fins que la pasta quedi al dente

Afegiu 1 tassa de formatge i remeneu.

Espolvorear amb la resta de formatge vegà i els ingredients de cobertura

Penne amb tàperes i xoriço vegà

INGREDIENTS

1 pebrot ancho

1 ceba vermella

15 unces de salsa de tomàquet en conserva

¼ tassa de tàperes, escorregudes

28 unces de tomàquets triturats

1/4 tassa de xoriço vegà, picat gruixut

1 C. farigola seca

½ culleradeta de sal

1/8 culleradeta de pebre negre

2 tasses de brou de verdures

8 unces de pasta penne sense cuinar

1 ½ tassa de formatge vegà (fet amb tofu)

Ingredients per farcir:

cebes verdes picades per servir

Poseu tots els ingredients excepte la pasta, el formatge vegà i els ingredients de farciment a la vostra olla de cuina lenta.

Barrejar i tapar.

Coure a foc fort durant 4 hores o a foc lent durant 7 hores.

Afegiu la pasta i deixeu-ho coure a foc fort durant 18 minuts, o fins que la pasta quedi al dente

Afegiu 1 tassa de formatge i remeneu.

Espolvorear amb la resta de formatge vegà i els ingredients de cobertura

Mongetes amb quinoa

INGREDIENTS

6 pebrots verds

1 tassa de quinoa sense coure, esbandida

1 llauna (14 unces) de cigrons, esbandits i escorreguts

1 llauna de mongetes pintos de 14 oz

1 1/2 tassa de salsa d'enchilada vermella

2 cullerades. pasta de tomàquet

1 C. alfàbrega

1 C. condiment italià

1/2 culleradeta d'all en pols

½ culleradeta. sal marina

1 1/2 tassa de formatge vegà ratllat (marca Daiya)

Guarnicions: coriandre, alvocat.

Talleu les tiges del pebrot.
Traieu les costelles i les llavors.
Barregeu bé la quinoa, les mongetes, la salsa d'enchilada, les espècies i 1 tassa de formatge vegà.

Aboqui cada pebrot amb la barreja de quinoa i fesols.

Aboqueu mitja tassa d'aigua a la cuina lenta.

Col·loqueu els pebrots a la cuina lenta (parcialment submergits en aigua).

Tapar i coure a foc lent durant 6 hores o a foc fort durant 3 hores.

Destapeu i repartiu el formatge vegà restant per sobre dels pebrots i cobreixi durant 4-5 minuts per fondre el formatge.

Decoreu amb coriandre i alvocat

Bolonyesa vegana

Ingredients

1 ceba vermella dolça gran, tallada a daus

2 pastanagues, tallades a daus

3 tiges d'api, tallades a daus

12 grans d'all, picats

Sal marina

Pebre negre

1 bossa de 16 unces de llenties seques, esbandides i recollides

2 llaunes (28 unces) de tomàquets triturats

5 tasses de brou de verdures

1 fulla de llorer

2 cullerades d'alfàbrega seca

2 culleradetes de julivert sec

1 culleradeta de sal marina gruixuda

1/2 - 1 culleradeta de flocs de pebre vermell triturat

Barregeu bé la ceba, la pastanaga, l'api i l'all i rectifiqueu-ho de sal i pebre.

Afegiu la resta dels ingredients i barregeu-ho bé

Coure a foc lent durant 4,5 hores, o fins que les llenties comencin a estovar-se i la salsa espesseixi.

Ajusteu el condiment afegint més sal i pebre al gust.

Bol de burrito d'arròs integral vegà

Ingredients

1 ceba vermella, tallada a daus o a rodanxes fines

1 pebrot verd (jo vaig utilitzar groc), tallat a daus

1 pebrot vermell dolç, picat finament

1 ½ tassa de mongetes negres, escorregudes

1 tassa d'arròs integral sense coure

1 ½ tassa de tomàquets picats

½ tassa d'aigua

1 cullerada de salsa picant chipotle (o una altra salsa calenta preferida)

1 culleradeta de pebre vermell fumat

1/2 culleradeta de comí mòlt

Sal marina

Pebre negre

Guarnició de coriandre fresc (coriandre), ceba tendre a rodanxes, alvocat a rodanxes, guacamole, etc.

Combina tots els ingredients del bol de burrito (no els ingredients) en una olla de cocció lenta.

Coure a foc lent durant 3 hores o fins que l'arròs estigui cuit.

Serviu calent amb coriandre, ceba tendra, alvocat i guacamole.

Bol de burrito de mongetes blanques amb salsa Chimichurri

Ingredients

1 pebrot ancho, tallat a daus

1 ceba vermella, tallada a daus

1 pebrot vermell dolç, picat finament

1 1/2 tassa de mongetes blanques

1 tassa d'arròs blanc sense coure

1 1/2 tasses de tomàquets picats

1/2 tassa d'aigua

4 cullerades. salsa chimichurri

1/2 culleradeta. pebre de caiena

Sal marina

Pebre negre

Toppings: coriandre fresc (coriandre), ceba tendre a rodanxes, alvocat a rodanxes, guacamole, etc.

Combina tots els ingredients del bol de burrito (no els ingredients) en una olla de cocció lenta.

Coure a foc lent durant 3 hores o fins que l'arròs estigui cuit.

Serviu calent amb els ingredients de la guarnició.

Bol de burritos de cigrons amb pesto

Ingredients

5 pebrots jalapeños, tallats a daus

1 ceba vermella, tallada a daus

1 pebrot vermell dolç, picat finament

1 ½ tassa de cigrons, escorreguts

1 tassa d'arròs vermell sense coure

1 ½ tassa de tomàquets picats

½ tassa d'aigua

4 cullerades. Pesto

1 C. condiment italià

Sal marina

Pebre negre

Toppings: coriandre fresc (coriandre), ceba tendre a rodanxes, alvocat a rodanxes, guacamole, etc.

Combina tots els ingredients del bol de burrito (no els ingredients) en una olla de cocció lenta.

Coure a foc lent durant 3 hores o fins que l'arròs estigui cuit.

Serviu calent amb els ingredients de la guarnició.

Bol de burrito d'arròs negre amb xoriço vegà

Ingredients

5 pebrots serranos, tallats a daus

1 ceba vermella, tallada a daus

1 pebrot vermell dolç, picat finament

1 1/2 tassa de mongetes blanques, escorregudes

1 tassa d'arròs negre cru

1 1/2 tassa de tomàquets picats

1/2 tassa d'aigua

1/4 tassa de xoriço vegà, picat gruixut

1 C. farigola seca

Sal marina

Pebre negre

Toppings: coriandre fresc (coriandre), ceba tendre a rodanxes, alvocat a rodanxes, guacamole, etc.

Combina tots els ingredients del bol de burrito (no els ingredients) en una olla de cocció lenta.

Coure a foc lent durant 3 hores o fins que l'arròs estigui cuit.

Serviu calent amb els ingredients de la guarnició.

Bol de burrito francès

Ingredients

1 pebrot d'Anaheim, tallat a daus

1 ceba vermella, tallada a daus

1 pebrot vermell dolç, picat finament

1 1/2 tassa de mongetes blanques

1 tassa d'arròs blanc sense coure

1 1/2 tasses de tomàquets picats

1/2 tassa d'aigua

4 cullerades. formatge cremós vegà, a rodanxes fines

1 C. Herbes de la Provença

Sal marina

Pebre negre

Toppings: coriandre fresc (coriandre), ceba tendre a rodanxes, alvocat a rodanxes, guacamole, etc.

Combina tots els ingredients del bol de burrito (no els ingredients) en una olla de cocció lenta.

Coure a foc lent durant 3 hores o fins que l'arròs estigui cuit.

Serviu calent amb els ingredients de la guarnició.

Bol de burrito de Chipotle

Ingredients

5 pebrots serranos, tallats a daus

1 ceba vermella, tallada a daus

1 pebrot vermell dolç, picat finament

1 1/2 tassa de mongetes blanques, escorregudes

1 tassa d'arròs negre cru

1 1/2 tassa de tomàquets picats

1/2 tassa d'aigua

1 cullerada de salsa picant chipotle (o una altra salsa calenta preferida)

1 culleradeta de pebre vermell fumat

1/2 culleradeta de comí mòlt

Sal marina

Pebre negre

Toppings: coriandre fresc (coriandre), ceba tendre a rodanxes, alvocat a rodanxes, guacamole, etc.

Combina tots els ingredients del bol de burrito (no els ingredients) en una olla de cocció lenta.

Coure a foc lent durant 3 hores o fins que l'arròs estigui cuit.

Serviu calent amb els ingredients de la guarnició.

Bol de burrito d'arròs integral italià

Ingredients

5 pebrots jalapeños, tallats a daus

1 ceba vermella, tallada a daus

1 pebrot vermell dolç, picat finament

1 ½ tassa de mongetes negres, escorregudes

1 tassa d'arròs integral sense coure

1 ½ tassa de tomàquets picats

½ tassa d'aigua

4 cullerades. Pesto

1 C. condiment italià

Sal marina

Pebre negre

Toppings: coriandre fresc (coriandre), ceba tendre a rodanxes, alvocat a rodanxes, guacamole, etc.

Combina tots els ingredients del bol de burrito (no els ingredients) en una olla de cocció lenta.

Coure a foc lent durant 3 hores o fins que l'arròs estigui cuit.

Serviu calent amb els ingredients de la guarnició.

Bol de burrito d'arròs vermell i cigrons

Ingredients

1 pebrot d'Anaheim, tallat a daus

1 ceba vermella, tallada a daus

1 pebrot vermell dolç, picat finament

1 ½ tassa de cigrons, escorreguts

1 tassa d'arròs vermell sense coure

1 ½ tassa de tomàquets picats

½ tassa d'aigua

4 cullerades. salsa chimichurri

1/2 culleradeta. pebre de caiena

Sal marina

Pebre negre

Toppings: coriandre fresc (coriandre), ceba tendre a rodanxes, alvocat a rodanxes, guacamole, etc.

Combina tots els ingredients del bol de burrito (no els ingredients) en una olla de cocció lenta.

Coure a foc lent durant 3 hores o fins que l'arròs estigui cuit.

Serviu calent amb els ingredients de la guarnició.

Bol de burrito amb arròs negre i mongetes marinades

Ingredients

1 ceba vermella, tallada a daus o a rodanxes fines

1 pebrot verd (jo vaig utilitzar groc), tallat a daus

1 pebrot vermell dolç, picat finament

1 1/2 tassa de mongetes blanques, escorregudes

1 tassa d'arròs negre cru

1 1/2 tassa de tomàquets picats

1/2 tassa d'aigua

4 cullerades. formatge cremós vegà, a rodanxes fines

1 C. Herbes de la Provença

Sal marina

Pebre negre

Toppings: coriandre fresc (coriandre), ceba tendre a rodanxes, alvocat a rodanxes, guacamole, etc.

Combina tots els ingredients del bol de burrito (no els ingredients) en una olla de cocció lenta.

Coure a foc lent durant 3 hores o fins que l'arròs estigui cuit.

Serviu calent amb els ingredients de la guarnició.

Bol de burrito de mongetes blanques fumades

Ingredients

1 ceba vermella, tallada a daus o a rodanxes fines

1 pebrot verd (jo vaig utilitzar groc), tallat a daus

1 pebrot vermell dolç, picat finament

1 1/2 tassa de mongetes blanques

1 tassa d'arròs blanc sense coure

1 1/2 tasses de tomàquets picats

1/2 tassa d'aigua

1 cullerada de salsa picant chipotle (o una altra salsa calenta preferida)

1 culleradeta de pebre vermell fumat

1/2 culleradeta de comí mòlt

Sal marina

Pebre negre

Toppings: coriandre fresc (coriandre), ceba tendre a rodanxes, alvocat a rodanxes, guacamole, etc.

Combina tots els ingredients del bol de burrito (no els ingredients) en una olla de cocció lenta.

Coure a foc lent durant 3 hores o fins que l'arròs estigui cuit.

Serviu calent amb els ingredients de la guarnició.

Bol de burritos d'arròs integral amb pebrots serranos

Ingredients

5 Serrano, tallat a daus

1 ceba vermella, tallada a daus

1 pebrot vermell dolç, picat finament

1 ½ tassa de mongetes negres, escorregudes

1 tassa d'arròs integral sense coure

1 ½ tassa de tomàquets picats

½ tassa d'aigua

4 cullerades. formatge cremós vegà, a rodanxes fines

1 C. Herbes de la Provença

Sal marina

Pebre negre

Toppings: coriandre fresc (coriandre), ceba tendra a rodanxes, alvocat a rodanxes, guacamole, etc.

Combina tots els ingredients del bol de burrito (no els ingredients) en una olla de cocció lenta.

Coure a foc lent durant 3 hores o fins que l'arròs estigui cuit.

Serviu calent amb els ingredients de la guarnició.

Arròs vermell amb salsa chimichurri

Ingredients

1 pebrot poblano, tallat a daus

1 ceba vermella, tallada a daus

1 pebrot vermell dolç, picat finament

1 ½ tassa de cigrons, escorreguts

1 tassa d'arròs vermell sense coure

1 ½ tassa de tomàquets picats

½ tassa d'aigua

4 cullerades. salsa chimichurri

1/2 culleradeta. pebre de caiena

Sal marina

Pebre negre

Toppings: coriandre fresc (coriandre), ceba tendre a rodanxes, alvocat a rodanxes, guacamole, etc.

Combina tots els ingredients del bol de burrito (no els ingredients) en una olla de cocció lenta.

Coure a foc lent durant 3 hores o fins que l'arròs estigui cuit.

Serviu calent amb els ingredients de la guarnició.

Arròs negre amb pesto i pebrots d'Anaheim

Ingredients

1 pebrot d'Anaheim, tallat a daus

1 ceba vermella, tallada a daus

1 pebrot vermell dolç, picat finament

1 1/2 tassa de mongetes blanques, escorregudes

1 tassa d'arròs negre cru

1 1/2 tassa de tomàquets picats

1/2 tassa d'aigua

4 cullerades. Pesto

1 C. condiment italià

Sal marina

Pebre negre

Toppings: coriandre fresc (coriandre), ceba tendre a rodanxes, alvocat a rodanxes, guacamole, etc.

Combina tots els ingredients del bol de burrito (no els ingredients) en una olla de cocció lenta.

Coure a foc lent durant 3 hores o fins que l'arròs estigui cuit.

Serviu calent amb els ingredients de la guarnició.

Burrito de Mongeta Blanca Vegana i Xoriço

Ingredients

1 pebrot ancho, tallat a daus

1 ceba vermella, tallada a daus

1 pebrot vermell dolç, picat finament

1 1/2 tassa de mongetes blanques

1 tassa d'arròs blanc sense coure

1 1/2 tasses de tomàquets picats

1/2 tassa d'aigua

1/4 tassa de xoriço vegà, picat gruixut

1 C. farigola seca

Sal marina

Pebre negre

Toppings: coriandre fresc (coriandre), ceba tendre a rodanxes, alvocat a rodanxes, guacamole, etc.

Combina tots els ingredients del bol de burrito (no els ingredients) en una olla de cocció lenta.

Coure a foc lent durant 3 hores o fins que l'arròs estigui cuit.

Serviu calent amb els ingredients de la guarnició.

Arròs integral amb tàperes

Ingredients

5 pebrots jalapeños, tallats a daus

1 ceba vermella, tallada a daus

1 pebrot vermell dolç, picat finament

1 ½ tassa de mongetes negres, escorregudes

1 tassa d'arròs integral sense coure

1 ½ tassa de tomàquets picats

½ tassa d'aigua

4 cullerades. formatge cremós vegà, a rodanxes fines

¼ tassa de tàperes, escorregudes

Sal marina

Pebre negre

Toppings: coriandre fresc (coriandre), ceba tendre a rodanxes, alvocat a rodanxes, guacamole, etc.

Combina tots els ingredients del bol de burrito (no els ingredients) en una olla de cocció lenta.

Coure a foc lent durant 3 hores o fins que l'arròs estigui cuit.

Serviu calent amb els ingredients de la guarnició.

Arròs vermell amb tàperes

Ingredients

5 pebrots serranos, tallats a daus

1 ceba vermella, tallada a daus

1 pebrot vermell dolç, picat finament

¼ tassa de tàperes, escorregudes

1 tassa d'arròs vermell sense coure

1 ½ tassa de tomàquets picats

½ tassa d'aigua

4 cullerades. salsa chimichurri

1/2 culleradeta. pebre de caiena

Sal marina

Pebre negre

Toppings: coriandre fresc (coriandre), ceba tendre a rodanxes, alvocat a rodanxes, guacamole, etc.

Combina tots els ingredients del bol de burrito (no els ingredients) en una olla de cocció lenta.

Coure a foc lent durant 3 hores o fins que l'arròs estigui cuit.

Serviu calent amb els ingredients de la guarnició.

Arròs negre amb olives

Ingredients

1 pebrot ancho, tallat a daus

1 ceba vermella, tallada a daus

1 pebrot vermell dolç, picat finament

¼ tassa de tàperes, escorregudes

¼ tassa d'olives, escorregudes

1 tassa d'arròs negre cru

1 1/2 tassa de tomàquets picats

1/2 tassa d'aigua

1 cullerada de salsa picant chipotle (o una altra salsa calenta preferida)

1 culleradeta de pebre vermell fumat

1/2 culleradeta de comí mòlt

Sal marina

Pebre negre

Toppings: coriandre fresc (coriandre), ceba tendre a rodanxes, alvocat a rodanxes, guacamole, etc.

Combina tots els ingredients del bol de burrito (no els ingredients) en una olla de cocció lenta.

Coure a foc lent durant 3 hores o fins que l'arròs estigui cuit.

Serviu calent amb els ingredients de la guarnició.

xili de mongetes negres

INGREDIENTS

1 ceba vermella, picada

6 grans d'all, picats

1 tija d'api, picada

2 pebrots morrons, picats

1 llauna de 15 oz de tomàquets a daus

4 tasses de brou de verdures

1 llauna d'aigua (utilitzo la llauna de tomàquets tallats a daus per recollir el sabor restant)

1 tassa de llenties seques

1 llauna de 15 oz de mongetes negres

2 cullerades de xili en pols

2 culleradetes de comí

1 cullerada d'orenga

1/2 tassa de quinoa sense coure

1/4 culleradeta de sal marina

Poseu tots els ingredients a la cocció lenta.

Cuini a temperatura baixa durant 8 hores o a temperatura alta durant 4 hores.

Serviu-ho amb guarnicions com ara formatge vegà ratllat, alvocat, ceba verde i coriandre

Xile de mongeta blanca picant

INGREDIENTS

1 ceba vermella, picada

1 ceba blanca, picada

8 grans d'all, picats

1 C. escalunya picada

1 llauna de 15 oz de tomàquets a daus

4 tasses de brou de verdures

1 llauna d'aigua (utilitzo la llauna de tomàquets tallats a daus per recollir el sabor restant)

8 unces de mongetes blanques seques

1 llauna de 15 oz de mongetes negres

2 cullerades de llavors d'annatto

2 culleradetes de comí

1 C. pebre de caiena

1/2 tassa d'arròs integral sense coure

1/4 culleradeta de sal marina

Poseu tots els ingredients a la cocció lenta.

Cuini a temperatura baixa durant 8 hores o a temperatura alta durant 4 hores.

Serviu-ho amb guarnicions com ara formatge vegà ratllat, alvocat, ceba verde i coriandre

Xile Pesto picant

INGREDIENTS

1 ceba vermella, picada

2 cebes vermelles

7 grans d'all

1 pebrot ancho, picat

1 cullerada. suc de llima

4 tasses de brou de verdures

1 llauna d'aigua (utilitzo la llauna de tomàquets tallats a daus per recollir el sabor restant)

8 unces de ronyó sec

1 llauna de 15 oz de mongetes negres

3 cullerades de salsa pesto

1 culleradeta d'alfàbrega seca, picada gruixuda

1 C. condiment sec italià

1/2 tassa d'arròs cru

1/4 culleradeta de sal marina

Poseu tots els ingredients a la cocció lenta.

Cuini a temperatura baixa durant 8 hores o a temperatura alta durant 4 hores.

Serviu-ho amb guarnicions com ara formatge vegà ratllat, alvocat, ceba verde i coriandre

Mongeta Mung i Xile de Mongeta Negra

INGREDIENTS

2 cebes vermelles, picades

7 grans d'all, picats

8 pebrots jalapeños, picats

1 cullerada. suc de llimona

4 tasses de brou de verdures

1 llauna d'aigua (utilitzo la llauna de tomàquets tallats a daus per recollir el sabor restant)

8 unces de mongetes mung seques

1 llauna de 15 oz de mongetes negres

2 cullerades d'all, picat

2 culleradetes de xili en pols

1 cullerada de pasta d'all de xili tailandès

1/2 tassa d'arròs negre sense coure

1/4 culleradeta de sal marina

Poseu tots els ingredients a la cocció lenta.

Cuini a temperatura baixa durant 8 hores o a temperatura alta durant 4 hores.

Serviu-ho amb guarnicions com ara formatge vegà ratllat, alvocat, ceba verde i coriandre

Mongetes negres i llenties cuites a poc a poc

INGREDIENTS

2 cebes vermelles, picades

7 grans d'all, picats

1 C. cebes verdes, picades

1 cullerada. suc de llimona

4 tasses de brou de verdures

1 llauna d'aigua (utilitzo la llauna de tomàquets tallats a daus per recollir el sabor restant)

8 unces de llenties seques

1 llauna de 15 oz de mongetes negres

2 cullerades d'all en pols

2 culleradetes de ceba en pols

1 cullerada d'Herbes de Provence

1/2 tassa d'arròs vermell sense coure

1/4 culleradeta de sal marina

Poseu tots els ingredients a la cocció lenta.

Cuini a temperatura baixa durant 8 hores o a temperatura alta durant 4 hores.

Serviu-ho amb guarnicions com ara formatge vegà ratllat, alvocat, ceba verde i coriandre

Mongetes blanques i negres fumades a foc lent

INGREDIENTS

1 ceba vermella, picada

1 ceba blanca, picada

8 grans d'all, picats

1 C. escalunya picada

1 llauna de 15 oz de tomàquets a daus

4 tasses de brou de verdures

1 llauna d'aigua (utilitzo la llauna de tomàquets tallats a daus per recollir el sabor restant)

8 unces de mongetes blanques seques

1 llauna de 15 oz de mongetes negres

2 cullerades de llavors d'annatto

2 cullerradetes de comí

1 C. pebre de caiena

1/2 tassa d'arròs integral sense coure

1/4 culleradeta de sal marina

Poseu tots els ingredients a la cocció lenta.

Cuini a temperatura baixa durant 8 hores o a temperatura alta durant 4 hores.

Serviu-ho amb guarnicions com ara formatge vegà ratllat, alvocat, ceba verde i coriandre

Mongetes mungo tailandeses a foc lent

INGREDIENTS

2 cebes vermelles, picades

7 grans d'all, picats

8 pebrots jalapeños, picats

1 cullerada. suc de llimona

4 tasses de brou de verdures

1 llauna d'aigua (utilitzo la llauna de tomàquets tallats a daus per recollir el sabor restant)

8 unces de mongetes mung seques

1 llauna de 15 oz de mongetes negres

2 cullerades d'all, picat

2 culleradetes de xili en pols

1 cullerada de pasta d'all de xili tailandès

1/2 tassa d'arròs negre sense coure

1/4 culleradeta de sal marina

Poseu tots els ingredients a la cocció lenta.

Cuini a temperatura baixa durant 8 hores o a temperatura alta durant 4 hores.

Serviu-ho amb guarnicions com ara formatge vegà ratllat, alvocat, ceba verde i coriandre

Salsa de pesto de mongetes a cocció lenta

INGREDIENTS

1 ceba vermella, picada

2 cebes vermelles

7 grans d'all

1 pebrot ancho, picat

1 cullerada. suc de llima

4 tasses de brou de verdures

1 llauna d'aigua (utilitzo la llauna de tomàquets tallats a daus per recollir el sabor restant)

8 unces de ronyó sec

1 llauna de 15 oz de mongetes negres

3 cullerades de salsa pesto

1 culleradeta d'alfàbrega seca, picada gruixuda

1 C. condiment sec italià

1/2 tassa d'arròs cru

1/4 culleradeta de sal marina

Poseu tots els ingredients a la cocció lenta.

Cuini a temperatura baixa durant 8 hores o a temperatura alta durant 4 hores.

Serviu-ho amb guarnicions com ara formatge vegà ratllat, alvocat, ceba verde i coriandre

Llenties i pebrots

INGREDIENTS

1 ceba vermella, picada

6 grans d'all, picats

1 tija d'api, picada

2 pebrots morrons, picats

1 llauna de 15 oz de tomàquets a daus

4 tasses de brou de verdures

1 llauna d'aigua (utilitzo la llauna de tomàquets tallats a daus per recollir el sabor restant)

1 tassa de llenties seques

1 llauna de 15 oz de mongetes negres

2 cullerades de xili en pols

2 culleradetes de comí

1 cullerada d'orenga

1/2 tassa de quinoa sense coure

1/4 culleradeta de sal marina

Poseu tots els ingredients a la cocció lenta.

Cuini a temperatura baixa durant 8 hores o a temperatura alta durant 4 hores.

Serviu-ho amb guarnicions com ara formatge vegà ratllat, alvocat, ceba verde i coriandre

Mongetes negres i tomàquets tailandesos

INGREDIENTS

1 ceba vermella, picada

1 ceba blanca, picada

8 grans d'all, picats

1 C. escalunya picada

1 llauna de 15 oz de tomàquets a daus

4 tasses de brou de verdures

1 llauna d'aigua (utilitzo la llauna de tomàquets tallats a daus per recollir el sabor restant)

8 unces de mongetes mung seques

1 llauna de 15 oz de mongetes negres

2 cullerades d'all, picat

2 culleradetes de xili en pols

1 cullerada de pasta d'all de xili tailandès

1/2 tassa d'arròs negre sense coure

1/4 culleradeta de sal marina

Poseu tots els ingredients a la cocció lenta.

Cuini a temperatura baixa durant 8 hores o a temperatura alta durant 4 hores.

Serviu-ho amb guarnicions com ara formatge vegà ratllat, alvocat, ceba verde i coriandre

Mongetes blanques i negres picants i picants

INGREDIENTS

2 cebes vermelles, picades

7 grans d'all, picats

8 pebrots jalapeños, picats

1 cullerada. suc de llimona

4 tasses de brou de verdures

1 llauna d'aigua (utilitzo la llauna de tomàquets tallats a daus per recollir el sabor restant)

8 unces de mongetes blanques seques

1 llauna de 15 oz de mongetes negres

2 cullerades de llavors d'annatto

2 culleradetes de comí

1 C. pebre de caiena

1/2 tassa d'arròs integral sense coure

1/4 culleradeta de sal marina

Poseu tots els ingredients a la cocció lenta.

Cuini a temperatura baixa durant 8 hores o a temperatura alta durant 4 hores.

Serviu-ho amb guarnicions com ara formatge vegà ratllat, alvocat, ceba verde i coriandre

Llenties franceses i mongetes negres amb arròs vermell

INGREDIENTS

2 cebes vermelles, picades

7 grans d'all, picats

1 C. cebes verdes, picades

1 cullerada. suc de llimona

1 llauna de 15 oz de tomàquets a daus

4 tasses de brou de verdures

1 llauna d'aigua (utilitzo la llauna de tomàquets tallats a daus per recollir el sabor restant)

8 unces de llenties seques

1 llauna de 15 oz de mongetes negres

2 cullerades d'all en pols

2 culleradetes de ceba en pols

1 cullerada d'Herbes de Provence

1/2 tassa d'arròs vermell sense coure

1/4 culleradeta de sal marina

Poseu tots els ingredients a la cocció lenta.

Cuini a temperatura baixa durant 8 hores o a temperatura alta durant 4 hores.

Serviu-ho amb guarnicions com ara formatge vegà ratllat, alvocat, ceba verde i coriandre

Mongetes seques i quinoa amb pesto

INGREDIENTS

1 ceba vermella, picada

2 cebes vermelles

7 grans d'all

1 pebrot ancho, picat

1 cullerada. suc de llima

4 tasses de brou de verdures

1 llauna d'aigua (utilitzo la llauna de tomàquets tallats a daus per recollir el sabor restant)

8 unces de mongetes seques

1 llauna de 15 oz de mongetes negres

3 cullerades de salsa pesto

1 culleradeta d'alfàbrega seca, picada gruixuda

1 C. condiment sec italià

1/2 tassa de quinoa sense coure

1/4 culleradeta de sal marina

Poseu tots els ingredients a la cocció lenta.

Cuini a temperatura baixa durant 8 hores o a temperatura alta durant 4 hores.

Serviu-ho amb guarnicions com ara formatge vegà ratllat, alvocat, ceba verde i coriandre

Arròs negre picant tailandès

INGREDIENTS

1 ceba vermella, picada

6 grans d'all, picats

1 tija d'api, picada

2 pebrots morrons, picats

1 llauna de 15 oz de tomàquets a daus

4 tasses de brou de verdures

1 llauna d'aigua (utilitzo la llauna de tomàquets tallats a daus per recollir el sabor restant)

8 unces de mongetes mung seques

1 llauna de 15 oz de mongetes negres

2 cullerades d'all, picat

2 culleradetes de xili en pols

1 cullerada de pasta d'all de xili tailandès

1/2 tassa d'arròs negre sense coure

1/4 culleradeta de sal marina

Poseu tots els ingredients a la cocció lenta.

Cuini a temperatura baixa durant 8 hores o a temperatura alta durant 4 hores.

Serviu-ho amb guarnicions com ara formatge vegà ratllat, alvocat, ceba verde i coriandre

Quinoa picant i picant i mongetes negres

INGREDIENTS

2 cebes vermelles, picades

7 grans d'all, picats

8 pebrots jalapeños, picats

1 cullerada. suc de llimona

4 tasses de brou de verdures

1 llauna d'aigua (utilitzo la llauna de tomàquets tallats a daus per recollir el sabor restant)

1 tassa de llenties seques

1 llauna de 15 oz de mongetes negres

2 cullerades de xili en pols

2 culleradetes de comí

1 cullerada d'orenga

1/2 tassa de quinoa sense coure

1/4 culleradeta de sal marina

Poseu tots els ingredients a la cocció lenta.

Cuini a temperatura baixa durant 8 hores o a temperatura alta durant 4 hores.

Serviu-ho amb guarnicions com ara formatge vegà ratllat, alvocat, ceba verde i coriandre

Arròs integral i mongetes blanques

INGREDIENTS

1 ceba vermella, picada

6 grans d'all, picats

1 tija d'api, picada

2 pebrots morrons, picats

1 llauna de 15 oz de tomàquets a daus

4 tasses de brou de verdures

1 llauna d'aigua (utilitzo la llauna de tomàquets tallats a daus per recollir el sabor restant)

8 unces de mongetes blanques seques

1 llauna de 15 oz de mongetes negres

2 cullerades de llavors d'annatto

2 culleradetes de comí

1 C. pebre de caiena

1/2 tassa d'arròs integral sense coure

1/4 culleradeta de sal marina

Poseu tots els ingredients a la cocció lenta.

Cuini a temperatura baixa durant 8 hores o a temperatura alta durant 4 hores.

Serviu-ho amb guarnicions com ara formatge vegà ratllat, alvocat, ceba verde i coriandre

Arròs negre amb mongetes negres

INGREDIENTS

2 cebes vermelles, picades

7 grans d'all, picats

1 C. cebes verdes, picades

1 cullerada. suc de llimona

1 llauna de 15 oz de tomàquets a daus

4 tasses de brou de verdures

1 llauna d'aigua (utilitzo la llauna de tomàquets tallats a daus per recollir el sabor restant)

8 unces de mongetes mung seques

1 llauna de 15 oz de mongetes negres

2 cullerades d'all, picat

2 culleradetes de xili en pols

1 cullerada de pasta d'all de xili tailandès

1/2 tassa d'arròs negre sense coure

1/4 culleradeta de sal marina

Poseu tots els ingredients a la cocció lenta.

Cuini a temperatura baixa durant 8 hores o a temperatura alta durant 4 hores.

Serviu-ho amb guarnicions com ara formatge vegà ratllat, alvocat, ceba verde i coriandre

Mongetes negres i mongetes

INGREDIENTS

2 cebes vermelles

7 grans d'all

1 pebrot ancho, picat

1 cullerada. suc de llima

4 tasses de brou de verdures

1 llauna d'aigua (utilitzo la llauna de tomàquets tallats a daus per recollir el sabor restant)

8 unces de mongetes seques

1 llauna de 15 oz de mongetes negres

3 cullerades de salsa pesto

1 culleradeta d'alfàbrega seca, picada gruixuda

1 C. condiment sec italià

1/2 tassa d'arròs cru

1/4 culleradeta de sal marina

Poseu tots els ingredients a la cocció lenta.

Cuini a temperatura baixa durant 8 hores o a temperatura alta durant 4 hores.

Serviu-ho amb guarnicions com ara formatge vegà ratllat, alvocat, ceba verde i coriandre

Arròs vermell i mongetes negres amb pebre jalapeño

INGREDIENTS

2 cebes vermelles, picades

7 grans d'all, picats

8 pebrots jalapeños, picats

1 cullerada. suc de llimona

4 tasses de brou de verdures

1 llauna d'aigua (utilitzo la llauna de tomàquets tallats a daus per recollir el sabor restant)

8 unces de llenties seques

1 llauna de 15 oz de mongetes negres

2 cullerades d'all en pols

2 culleradetes de ceba en pols

1 cullerada d'Herbes de Provence

1/2 tassa d'arròs vermell sense coure

1/4 culleradeta de sal marina

Poseu tots els ingredients a la cocció lenta.

Cuini a temperatura baixa durant 8 hores o a temperatura alta durant 4 hores.

Serviu-ho amb guarnicions com ara formatge vegà ratllat, alvocat, ceba verde i coriandre

Quinoa fumada i llenties

INGREDIENTS

1 ceba vermella, picada

1 ceba blanca, picada

8 grans d'all, picats

1 C. escalunya picada

1 llauna de 15 oz de tomàquets a daus

4 tasses de brou de verdures

1 llauna d'aigua (utilitzo la llauna de tomàquets tallats a daus per recollir el sabor restant)

1 tassa de llenties seques

1 llauna de 15 oz de mongetes negres

2 cullerades de xili en pols

2 culleradetes de comí

1 cullerada d'orenga

1/2 tassa de quinoa sense coure

1/4 culleradeta de sal marina

Poseu tots els ingredients a la cocció lenta.

Cuini a temperatura baixa durant 8 hores o a temperatura alta durant 4 hores.

Serviu-ho amb guarnicions com ara formatge vegà ratllat, alvocat, ceba verde i coriandre

Arròs integral picant

INGREDIENTS

1 ceba vermella, picada

6 grans d'all, picats

1 tija d'api, picada

2 pebrots morrons, picats

1 llauna de 15 oz de tomàquets a daus

4 tasses de brou de verdures

1 llauna d'aigua (utilitzo la llauna de tomàquets tallats a daus per recollir el sabor restant)

8 unces de mongetes blanques seques

1 llauna de 15 oz de mongetes negres

2 cullerades de llavors d'annatto

2 cullerradetes de comí

1 C. pebre de caiena

1/2 tassa d'arròs integral sense coure

1/4 culleradeta de sal marina

Poseu tots els ingredients a la cocció lenta.

Cuini a temperatura baixa durant 8 hores o a temperatura alta durant 4 hores.

Serviu-ho amb guarnicions com ara formatge vegà ratllat, alvocat, ceba verde i coriandre

Arròs negre amb pebrots jalapeños

INGREDIENTS

2 cebes vermelles, picades

7 grans d'all, picats

8 pebrots jalapeños, picats

1 cullerada. suc de llimona

4 tasses de brou de verdures

1 llauna d'aigua (utilitzo la llauna de tomàquets tallats a daus per recollir el sabor restant)

8 unces de mongetes mung seques

1 llauna de 15 oz de mongetes negres

2 cullerades d'all, picat

2 culleradetes de xili en pols

1 cullerada de pasta d'all de xili tailandès

1/2 tassa d'arròs negre sense coure

1/4 culleradeta de sal marina

Poseu tots els ingredients a la cocció lenta.

Cuini a temperatura baixa durant 8 hores o a temperatura alta durant 4 hores.

Serviu-ho amb guarnicions com ara formatge vegà ratllat, alvocat, ceba verde i coriandre

Mongetes negres i ronyons amb salsa de pesto

INGREDIENTS

2 cebes vermelles

7 grans d'all

1 pebrot ancho, picat

1 cullerada. suc de llima

4 tasses de brou de verdures

1 llauna d'aigua (utilitzo la llauna de tomàquets tallats a daus per recollir el sabor restant)

8 unces de ronyó sec

1 llauna de 15 oz de mongetes negres

3 cullerades de salsa pesto

1 culleradeta d'alfàbrega seca, picada gruixuda

1 C. condiment sec italià

1/2 tassa d'arròs cru

1/4 culleradeta de sal marina

Poseu tots els ingredients a la cocció lenta.

Cuini a temperatura baixa durant 8 hores o a temperatura alta durant 4 hores.

Serviu-ho amb guarnicions com ara formatge vegà ratllat, alvocat, ceba verde i coriandre

Arròs vermell amb mongetes negres i tomàquet

Ingredients

1 ceba vermella, picada

6 grans d'all, picats

1 tija d'api, picada

2 pebrots morrons, picats

1 llauna de 15 oz de tomàquets a daus

4 tasses de brou de verdures

1 llauna d'aigua (utilitzo la llauna de tomàquets tallats a daus per recollir el sabor restant)

8 unces de llenties seques

1 llauna de 15 oz de mongetes negres

2 cullerades d'all en pols

2 culleradetes de ceba en pols

1 cullerada d'Herbes de Provence

1/2 tassa d'arròs vermell sense coure

1/4 culleradeta de sal marina

Poseu tots els ingredients a la cocció lenta.

Cuini a temperatura baixa durant 8 hores o a temperatura alta durant 4 hores.

Serviu-ho amb guarnicions com ara formatge vegà ratllat, alvocat, ceba verde i coriandre

Quinoa i tomàquets estofats

Ingredients

1 ceba vermella, picada

1 ceba blanca, picada

8 grans d'all, picats

1 C. escalunya picada

1 llauna de 15 oz de tomàquets a daus

4 tasses de brou de verdures

1 llauna d'aigua (utilitzo la llauna de tomàquets tallats a daus per recollir el sabor restant)

1 tassa de llenties seques

1 llauna de mongetes marines de 15 oz

2 cullerades de xili en pols

2 culleradetes de comí

1 cullerada d'orenga

1/2 tassa de quinoa sense coure

1/4 culleradeta de sal marina

Poseu tots els ingredients a la cocció lenta.

Cuini a temperatura baixa durant 8 hores o a temperatura alta durant 4 hores.

Serviu-ho amb guarnicions com ara formatge vegà ratllat, alvocat, ceba verde i coriandre

Arròs integral amb tomàquet i pebrot jalapeño

INGREDIENTS

2 cebes vermelles, picades

7 grans d'all, picats

8 pebrots jalapeños, picats

1 cullerada. suc de llimona

4 tasses de brou de verdures

1 llauna d'aigua (utilitzo la llauna de tomàquets tallats a daus per recollir el sabor restant)

8 unces de mongetes blanques seques

1 llauna de 15 oz de mongetes negres

2 cullerades de llavors d'annatto

2 culleradetes de comí

1 C. pebre de caiena

1/2 tassa d'arròs integral sense coure

1/4 culleradeta de sal marina

Poseu tots els ingredients a la cocció lenta.

Cuini a temperatura baixa durant 8 hores o a temperatura alta durant 4 hores.

Serviu-ho amb guarnicions com ara formatge vegà ratllat, alvocat, ceba verde i coriandre

Mongetes negres amb salsa chimichurri

INGREDIENTS

2 cebes vermelles

7 grans d'all

1 pebrot ancho, picat

1 cullerada. suc de llima

1 llauna de 15 oz de tomàquets a daus

4 tasses de brou de verdures

1 llauna d'aigua (utilitzo la llauna de tomàquets tallats a daus per recollir el sabor restant)

8 unces de mongetes mung seques

1 llauna de mongetes negres de 8 oz

2 cullerades d'all, picat

2 culleradetes de xili en pols

1 cullerada de chimichurri

1/2 tassa d'arròs negre sense coure

1/4 culleradeta de sal marina

Poseu tots els ingredients a la cocció lenta.

Cuini a temperatura baixa durant 8 hores o a temperatura alta durant 4 hores.

Serviu-ho amb guarnicions com ara formatge vegà ratllat, alvocat, ceba verde i coriandre

Arròs amb pesto i mongetes negres

INGREDIENTS

1 ceba vermella, picada

6 grans d'all, picats

1 tija d'api, picada

2 pebrots morrons, picats

1 llauna de 15 oz de tomàquets a daus

4 tasses de brou de verdures

1 llauna d'aigua (utilitzo la llauna de tomàquets tallats a daus per recollir el sabor restant)

8 unces de ronyó sec

1 llauna de 15 oz de mongetes negres

3 cullerades de salsa pesto

1 culleradeta d'alfàbrega seca, picada gruixuda

1 C. condiment sec italià

1/2 tassa d'arròs cru

1/4 culleradeta de sal marina

Poseu tots els ingredients a la cocció lenta.

Cuini a temperatura baixa durant 8 hores o a temperatura alta durant 4 hores.

Serviu-ho amb guarnicions com ara formatge vegà ratllat, alvocat, ceba verde i coriandre

Quinoa i bolets jalapeño

INGREDIENTS

2 cebes vermelles, picades

7 grans d'all, picats

8 pebrots jalapeños, picats

1 cullerada. suc de llimona

4 tasses de brou de verdures

1 llauna d'aigua (utilitzo la llauna de tomàquets tallats a daus per recollir el sabor restant)

1 tassa de llenties seques

1 llauna de bolets botó de 15 oz

2 cullerades de xili en pols

2 culleradetes de comí

1 cullerada d'orenga

1/2 tassa de quinoa sense coure

1/4 culleradeta de sal marina

Poseu tots els ingredients a la cocció lenta.

Cuini a temperatura baixa durant 8 hores o a temperatura alta durant 4 hores.

Serviu-ho amb guarnicions com ara formatge vegà ratllat, alvocat, ceba verde i coriandre

Arròs vermell amb Crimini i bolets

INGREDIENTS

2 cebes vermelles, picades

7 grans d'all, picats

1 C. cebes verdes, picades

1 cullerada. suc de llimona

4 tasses de brou de verdures

1 llauna d'aigua (utilitzo la llauna de tomàquets tallats a daus per recollir el sabor restant)

1 tassa de bolets crimini

1 tassa de bolets de botó

2 cullerades d'all en pols

2 culleradetes de ceba en pols

1 cullerada d'Herbes de Provence

1/2 tassa d'arròs vermell sense coure

1/4 culleradeta de sal marina

Poseu tots els ingredients a la cocció lenta.

Cuini a temperatura baixa durant 8 hores o a temperatura alta durant 4 hores.

Serviu-ho amb guarnicions com ara formatge vegà ratllat, alvocat, ceba verde i coriandre

Arròs integral amb bolets Crimini i Xile Ancho

INGREDIENTS

2 cebes vermelles

7 grans d'all

1 pebrot ancho, picat

1 cullerada. suc de llima

4 tasses de brou de verdures

1 llauna d'aigua (utilitzo la llauna de tomàquets tallats a daus per recollir el sabor restant)

1 tassa de bolets crimini

1 llauna de 15 oz de mongetes negres

2 cullerades de llavors d'annatto

2 cullleradetes de comí

1 C. pebre de caiena

1/2 tassa d'arròs integral sense coure

1/4 culleradeta de sal marina

Poseu tots els ingredients a la cocció lenta.

Cuini a temperatura baixa durant 8 hores o a temperatura alta durant 4 hores.

Serviu-ho amb guarnicions com ara formatge vegà ratllat, alvocat, ceba verde i coriandre

Pastís de verdures

Ingredients

7 tasses de verdures tallades a trossos de mida mossegada que vaig fer servir: cols de Brussel·les, grans de blat de moro congelats, pèsols congelats, patates tallades a daus, pastanagues infantils i xampinyons tallats prèviament

1/2 tassa de ceba vermella tallada a daus

4 grans d'all picats

5-6 branquetes de farigola fresca retirades

1/4 tassa de farina

2 tasses de brou de pollastre

1/4 tassa de maizena

1/4 tassa de crema de coco

sal i pebre al gust

1 pasta de full congelada, descongelada

2 cullerades d'oli d'oliva

Poseu les 7 tasses de verdures segons calgui a la vostra olla de cuina lenta amb la ceba i l'all

Remeneu-ho amb farina per cobrir bé

Afegiu el brou fins que estigui ben barrejat amb la farina

Tapa i cuini a foc fort durant 3 hores i mitja o a foc lent durant 6 hores i mitja.

Barregeu la maizena amb 1/4 tassa d'aigua fins que estigui suau i afegiu-la a la cuina lenta.

Afegiu la crema de coco, tapeu i gireu l'olla de cocció lenta.

Microones a foc fort durant 15 minuts o fins que la barreja espesseixi

Transferiu-ho a una safata de forn i poseu-hi pasta de full descongelada.

Pinteu la part superior de la massa amb oli d'oliva

Coure al forn a 400 graus F durant uns 10 minuts o fins que la pasta estigui daurada.

Sopa de pèsols i porros partida

Ingredients

1 paquet de 16 oz 1 lliure de pèsols verds secs, esbandits

1 porció gran només de porro verd clar i blanc, picat i netejat amb cura

3 costelles d'api, tallades a daus

2 pastanagues grans, tallades a daus

4 grans d'all picats

1/4 tassa de julivert fresc picat

6 tasses de brou de verdures

1/2 tassa de pebre negre mòlt

1 culleradeta de sal marina o al gust

1 fulla de llorer

Aboqueu tots els ingredients a una olla de cocció lenta i barregeu-ho bé.

Tapeu-ho a foc baix durant 7 hores i mitja o alt durant 3 hores i mitja.

Traieu la fulla de llorer.

Sopa de mongetes negres i pebre

INGREDIENTS

1 lliura de mongetes negres seques

4 tasses de brou de verdures

1 ceba groga, picada finament

1 pebrot verd, picat finament

2 jalapeños, sense llavors i tallats finament

1 tassa de salsa o tomàquet tallat a daus

4 culleradetes d'all picat, uns 4 grans

1 cullerada plena de xili en pols

2 culleradetes de comí mòlt

2 culleradetes de sal marina

1 culleradeta de pebre mòlt

1/2 culleradeta de pebre de caiena mòlt (reduir o ometre per obtenir una sopa més suau)

1/2 culleradeta de pebre vermell fumat

Alvocat i coriandre per guarnir, si ho desitja

Submergiu completament les mongetes en aigua durant la nit i assegureu-vos que hi hagi una polzada d'aigua a les mongetes.

Escorreu les mongetes i esbandiu-les.

Poseu les mongetes, el brou, la ceba, el pebre, els jalapeños, la salsa, l'all, el xili en pols, el comí, la sal, el pebre, el pebre de caiena i el pebre vermell en una olla de cocció lenta.

Remeneu i barregeu bé.

Coure a foc fort durant 6 hores, fins que les mongetes estiguin tendres.

Barregeu la meitat de la sopa fins que quedi suau i torneu-la a la cassola.

Decoreu amb alvocat i coriandre.

Llenties marrons, verdes i pardina masala

Ingredients

1 ceba vermella, picada

5 grans d'all, picats

1 cullerada de gingebre fresc picat o 1 cullerada de gingebre mòlt en pols

2¼ tasses de llenties marrons, verdes o pardina

4 tasses de brou de verdures

1 llauna (15 unces) de tomàquets a daus o estofats, amb el seu suc

¼ tassa de puré de tomàquet

2 culleradetes de pasta de tamarind (opcional, afegeix un toc de picor)

1 culleradeta de mel

¾ culleradeta de sal marina

1½ culleradeta de garam masala

Uns quants batuts de pebre negre

1 tassa de llet de coco lleugera

Acompanyament: Arròs, quinoa o altres cereals integrals i herbes fresques

Poseu-ho tot excepte la llet de coco i els ingredients del plat lateral a la cuina lenta.

Barrejar bé i coure a foc fort durant 3 hores i mitja o a foc baix durant 6 hores.

Durant l'última hora, comproveu si cal afegir més líquid.

Quan les llenties estiguin més toves, afegiu-hi la llet de coco.

Afegiu-lo a l'arròs, la quinoa i les herbes fresques.

Cigrons i patates a foc lent

Ingredients

2 culleradetes d'oli d'oliva verge extra

1 ceba vermella mitjana, tallada a daus (unes 2 tasses)

4 grans d'all mitjans, picats (unes 2 culleradetes)

2 culleradetes de coriandre mòlt

2 culleradetes de comí mòlt

1/2 culleradeta de garam masala

1/2 culleradeta de gingebre mòlt

1/4 culleradeta de cúrcuma

1/4 culleradeta de flocs de pebre vermell triturat

1 culleradeta de sal marina

1 llauna (15 unces) de tomàquets a daus

2 cullerades de puré de tomàquet

1 tassa de brou de verdures

2 llaunes (15 unces) de cigrons, escorreguts i esbandits

1 lliura de patates vermelles, tallades a daus d'1/2 polzada

1 llima

Petit ram de coriandre fresc

Equipament:

Olla de cuina lenta de 3 quarts o més

Escalfeu l'oli d'oliva en una paella gran a foc mitjà.

Sofregiu la ceba fins que estigui suau i translúcida. Es triga uns 5 minuts.

Afegiu all, coriandre, comí, garam masala, gingebre mòlt, cúrcuma, escates de pebre vermell i sal marina.

Cuinar i remenar durant 1 minut.

Afegiu-hi els tomàquets tallats a daus, la pasta de tomàquet i el brou de verdures.

Barrejar i abocar a l'olla de cocció lenta.

Afegiu-hi els cigrons i les patates.

Cuini a foc alt durant 4 hores i mitja o a baix durant 9 hores, o fins que les patates estiguin tendres.

Serviu-los en bols i guarniu-los amb coriandre fresc i rodanxes de llima.

Estofat de col rizada i mongetes blanques

Ingredients

2 lliures de mongetes blanques (ordenades i esbandides)

2 pastanagues grans, pelades i tallades a daus

3 tiges grans d'api, tallades a daus

1 ceba vermella, tallada a daus

6 grans d'all, picats o picats

1 fulla de llorer

1 C. cadascun: romaní sec, farigola, orenga

11 tasses d'aigua

2 cullerades. sal

Pebre negre mòlt, al gust

1 llauna gran (28 unces) de tomàquet tallat a daus

5-6 tasses de fulles verdes tallades a trossos com ara espinacs, bledes, col rizada

Arròs, polenta o pa per servir

Barrejar fesols, pastanagues, api, ceba, all, llorer i herbes seques.

Afegiu aigua.

Cuini a foc fort durant 3 hores i mitja o a foc lent durant 9 hores.

Traieu la tapa de la cocció lenta i condimenteu-ho amb sal i pebre

Afegiu els tomàquets tallats a daus.

Cuini 1h15 més. o fins que les mongetes estiguin ben toves. (

Decoreu amb les verdures picades.

Serviu amb arròs cuit, polenta o pa.

Sopa de moniato i espinacs

Ingredients

5 tasses de brou vegetal baix en sodi

3 moniatos grans pelats i picats

1 tassa de ceba picada

2 tiges d'api picades

4 grans d'all triturats

1 tassa de llet d'ametlla

1 C. estragó sec

2 tasses d'espinacs infantils

6-8 cullerades. ametlles tallades a rodanxes

sal marina i pebre negre mòlt al gust

Combina el brou, els moniatos, la ceba, l'api i l'all en una olla de cuina lenta de 4 quarts.

Coure a foc lent durant 8 hores o fins que les patates estiguin tendres.

Afegiu-hi la llet d'ametlla, l'estragó, la sal i el pebre.

Barregeu aquesta barreja durant 1-2 minuts amb una batedora d'immersió fins que la sopa estigui suau.

Afegiu-hi els espinacs i tapeu.

Deixeu reposar 20 minuts o fins que els espinacs estiguin tendres.

Remeneu-ho amb ametlles i condimenteu-ho amb sal marina i pebre.

Xile de quinoa i mongetes

INGREDIENTS:

1 tassa de faro* o quinoa crua**

1 ceba mitjana vermella o groga, pelada i tallada a daus

8 grans d'all, picats

1 pebrot chipotle en salsa adobo***, picat

2 llaunes (15 unces) de mongetes fosques, esbandides i escorregudes (**vegeu a continuació idees de substitució)

2 llaunes (15 unces) de salsa de tomàquet

2 llaunes (14 unces) de tomàquets tallats a daus

1 llauna (15 unces) de mongetes lleugeres, esbandides i escorregudes

1 llauna (4 unces) de pebrots vermells picats

4 tasses de brou de verdures

1 tassa de cervesa (o només podeu afegir brou vegetal addicional)

2 cullerades de xili en pols

1 cullerada de comí mòlt

1 culleradeta de sal marina

1 culleradeta de mel

1/2 culleradeta de pebre negre

Combina tots els ingredients en una olla de cocció lenta i barreja bé.

Cuini a foc alt durant 3 hores i mitja o a foc baix durant 7 hores fins que les mongetes estiguin tendres.

Tasteu i afegiu-hi més sal i pebre si cal.

Decoreu amb cobertura.

Refrigerar durant 3 dies o congelar durant 3 mesos.

Carabassons a la planxa i bolets

Ingredients

2 carbassons, tallats a rodanxes d'1/2 polzada

2 pebrots vermells, tallats a trossos

1/2 lliura de bolets frescos

1/2 lliura de tomàquets cherry 1 ceba vermella, tallada a rodanxes d'1/2 polzada de gruix

1/2 tassa d'oli d'oliva

sal marina al gust

pebre negre recent mòlt al gust

Preescalfeu la graella a foc mitjà-alt

Oli la graella.

Combina el carbassó, els pebrots verds, els bolets, els tomàquets i la ceba en un bol.

Aboqueu un raig d'oli d'oliva per sobre de les verdures i remeneu-les.

Condimenteu amb sal marina i pebre.

Grill les verdures durant 4 minuts per cada costat.

Carbassó i xampinyons cremini a la planxa amb glasat balsàmic

Ingredients

3 pebrots verds, sense llavors i tallats a la meitat

3 carbasses grogues (aproximadament 1 lliura en total), tallades al llarg en rectangles d'1/2 polzada de gruix

3 carbassons (aproximadament 12 unces en total), tallats al llarg en rectangles d'1/2 polzada de gruix

3 albergínies (12 unces en total), tallades a rodanxes longitudinals en rectangles d'1/2 polzada de gruix

12 bolets cremini

1 manat (1 lb) d'espàrrecs, tallats

12 cebes verdes, arrels retallades

6 cullerades d'oli d'oliva

Sal i pebre negre recent mòlt

3 cullerades de vinagre balsàmic

4 grans d'all, picats

1 cullerade ta de fulles de julivert fresc picades

1 cullerade ta de fulles d'alfàbrega fresca picades

1/2 culleradeta de fulles de romaní fresques ben picades

Preescalfeu la graella a foc mitjà-alt

Raspalleu lleugerament les verdures amb 1/4 tassa d'oli

Condimenteu les verdures amb sal i pebre.

Treballant per lots, poseu-los a la planxa fins que estiguin tendres.

Barregeu en un bol les 2 cullerades d'oli, el vinagre balsàmic, l'all, el julivert, l'alfàbrega i el romaní.

Condimenteu-ho amb sal i pebre.

Aboqui el condiment sobre les verdures.

Sopa de pastanaga amb pesto

2 cullerades d'oli d'oliva verge extra

1 ceba vermella petita, picada

1 pastanaga petita, pelada i tallada a rodanxes fines

1 xirivia petita, pelada i tallada a rodanxes fines

1/2 culleradeta d'herbes seques italianes

1 tassa de brou de verdures

1 tassa de brou de verdures

2 cullerades. Pesto

1/4 tassa de vinagre de vi

Escalfeu l'oli a foc mitjà-alt.

Sofregiu les cebes vermelles fins que estiguin toves durant uns 5 minuts.

Afegiu lentament pastanagues, xirivia i herbes italianes

Cuini durant 5 minuts més o fins que les pastanagues estiguin tendres.

Afegiu el brou de verdures, el brou, el pesto i el vinagre

Bullir i coure a foc lent.

Enfornar 15 minuts més.

Sopa de tomàquet i llimona

2 cullerades d'oli d'oliva

1 ceba vermella petita, picada

1 pastanaga petita, pelada i tallada a rodanxes fines

2 tomàquets grans, a rodanxes fines

1/2 culleradeta de gingebre picat

2 branquetes de llimona

2 tasses de brou de verdures

2 cullerades. el vinagre

Escalfeu l'oli a foc mitjà-alt.

Sofregiu les cebes vermelles fins que estiguin toves durant uns 5 minuts.

Afegiu lentament les pastanagues, el gingebre picat, el tomàquet i l'herba de llimona

Cuini durant 5 minuts més o fins que les pastanagues estiguin tendres.

Afegiu el brou de verdures i el vinagre

Bullir i coure a foc lent.

Enfornar 15 minuts més.

www.ingramcontent.com/pod-product-compliance
Lightning Source LLC
Chambersburg PA
CBHW071237080526
44587CB00013BA/1661